JN186764

「毎日楽しい!」おしゃれをつくる コーディネートLESSON

クローゼットオーガナイザー　林 智子

WANI BOOKS

着こなしを楽しむことは、その日を大切にすること。
その積み重ねが生活を大切にすることにつながります。

大切なのは、〝おしゃれ〟そのものではありません。
その先の暮らしの充実、幸せ。自分の夢や理想に近づいて、
生き生きとした毎日を送ることが目指すゴール。

はじめに

Introduction

現在、私は「クローゼットオーガナイザー」として、
個人のお客様のクローゼットのお片付けのお手伝いと、
パーソナルスタイリングサービスの仕事をしています。

私はもともと洋服が好きで、
自由気ままにファッションを楽しんでいました。
そんな私でも娘が生まれ、育児が大変になると生活が一変。
自分のことは全部後回しで
「疲れていて着る服なんてどうでもいい」
「いっぱい服はあるのに、いつも同じ服ばかり着ている……」
と大好きだった服を楽しめなくなり、
大量の服が悩みの塊になってしまいました。

そんなときに現在の私のボスであるライフオーガナイザーの
鈴木尚子と出会い、考え方が一変。
「もう一度自分らしくファッションを楽しみたい！」
と、どう限られた予算の中で買い物を楽しむか、
どうプチプラでも好きなコーデをつくるか、

ママでも楽しめるアクセサリーとは何かと、
〝私らしい服とは何か？〟を真剣に考えてきました。

この試行錯誤から自分らしいファッションの
楽しみ方の軸ができてきました。
おしゃれ迷子を経験したからこそ
〝ファッションが楽しいと毎日が楽しい！〟ということは、
今の私の大切な信念になっています。

女性は仕事、結婚、出産、子育てと、
ライフスタイルが大きく変化していき、
新しい環境で頑張っていかなければならないことも多いです。
だからこそ〝私らしい〟軸が大切なのだと思います。

この本では、ふつうの主婦でふつうのママの私が見つけた
「無理なく気楽にできるファッションの楽しみかた」の
アイデアをご紹介させていただいております。
読者のみなさまに、おしゃれを楽しむための
ヒントを見つけていただき、
おしゃれを楽しむきっかけとなればとてもうれしいです。

林　智子

Mama *needs* Fashion

ママこそ、
おしゃれが必要です！

女性は人生の中で色々な変化があります。
子どもができると、
つい自分のことは後回しにしがち。
だけど、子どもや家族にとっては
大好きなママが笑顔で
いてくれることが何よりの安心と幸せ。
子どものためにも、自分を大事にしてほしい。
一度しかない“今”を精一杯楽しんでほしい。
自分自身の経験からも、そう思います。
せっかく“子ども”という
かけがえのない宝物が
やってきてくれたのだから。

Clothes *at* Working Day

仕事の日は
目的を持って服を選ぶ

着こなしは名刺代わりだと思っています。
年相応の清潔感を忘れず、
その日の仕事内容に
合わせた服選びを心がけたいもの。
私の場合はスタイリングサービスで
お会いするお客様に参考にしていただける
ような服装を毎日意識して選んでいます。
ママの必須アイテム、デニムパンツも
ジャケットをさらりと羽織れば
一気に仕事モードに。
これが一番私らしいスタイルです。

Enjoy *my* Fashion

時には自分だけの
おしゃれを
思いきり楽しむ

“ママ”“妻”といった役割のない、
自分だけの時間。
好きなように過ごせる自由な時間。
そんなときは、気の赴くままに
大ぶりのアクセサリーや
お気に入りの服を身に纏《まと》って、
自分に素直になります。
そして、すてきなカフェでおいしいものを
いただいたり、読書をしたり……
思いっきり気分転換して、
エネルギーチャージ。
ほんのわずかだったとしても、
充電時間は大切なひとときです。

Contents

ARCHIVES

“クローゼットオーガナイザー・林 智子”ができるまでの歩み

クローゼットオーガナイザーというと理論的な説明ができて整理収納も得意……というイメージを持たれがちですが、私自身は元々ファッションは大好きだったものの、整理収納は大の苦手でした。そんな私がどのようにしてクローゼットオーガナイザーになり、パーソナルスタイリングを行うようになったのかをご紹介します。

33 years old

一児の母となり、家の片付けにも着る服にも悩んでいたとき、「ライフオーガナイズ」と出会う

子どもが生まれて生活スタイルが変化し、気がついたら家中がモノだらけに。どこから片付けていいかさえわからなくなって茫然としていた頃、雑誌でライフオーガナイザー鈴木尚子の存在を知り、整理収納の相談を依頼しました。そのカウンセリングで部屋が劇的に変化。そして人生も変えてくれたのです。

36 years old

クローゼットオーガナイザーとして独立

18 years old

父の転勤で小学生の頃から海外で暮らし、高校3年間はパリに。この頃はA.P.Cがお気に入りでした。

パリジェンヌだった高校時代

25 years old

アパレル勤務時代

大学卒業後、アパレルに就職。好きなファッションの世界で、お客様にスタイリングの提案をする楽しさを経験しました。その後アート関係の職へ転身。

30 years old

着る服に迷った新米母時代

結婚・妊娠を期に退職。専業主婦を楽しみながらも、愛用の古着を着続けることに疑問も湧いてきた頃。

片付けられない私がオーガナイザーになるまで

小さな頃から服が大好きでそのままアパレルに就職。当時はデザイナーズブランドから古着、ファストファッションまであらゆるジャンルの洋服を着ていました。それが結婚して子どもができて…と、環境が一変。苦手な片付けが大きな悩みに。「専業主婦だし片付けなきゃ」と思うばかりでできない自分にストレスが溜まっていきました。そんなある日。3歳だった娘に「片付けなさい!」と叱ったら、「ママ、どこに片付けたらいいの?」と言うのです。子どもが片付けられないのは、私が片付けやすい環境を用意してあげられてないからだ、と気づき愕然《がくぜん》としました。ちょうど同じ頃、雑誌『VERY』で〝ライフオーガナイズ〟という言葉や〝鈴木尚子〟の存在を知りました。彼女のブ

What is “Closet Organizer”?

「クローゼットオーガナイザー」って、どんな仕事？

クローゼットオーガナイザーは「日本ライフオーガナイザー協会」の認定資格で、クローゼットの環境を整え、自分らしい装いのサポートをする仕事です。私はアパレル経験を活かしお客様のご自宅に伺い、ワードローブの中から理想に沿ったスタイリング法を提案する「パーソナルスタイリングサービス」も行っています。

「パーソナルスタイリング」の流れ

1
コンサルティング
どんなイメージになりたいか？ 今のお悩みは何か？ お客様の希望を明確にしていきます。

2
パーソナルカラー診断
鏡にお顔とカラードレープを映し、似合う色を診断。得意な色がわかると服選びの基準ができます。

3
お洋服の着こなしチェック
定番のコーディネートを数体つくっていただき、お客様のなりたいイメージに近付ける方法を探ります。

4
コーディネートアドバイス
手持ちのアイテムでのコーディネートをご提案し、買い足しアイテムをアドバイスします。

クローゼットオーガナイズの場合…
クローゼット内のアイテムの見直し
クローゼット整理も行う際は、中身をすべて取り出して服を仕分け、選んだ服から収めていきます。

Option
お買い物同行
ゴールイメージに近づくために足りないアイテムを予算に合わせてご一緒に買いに行きます。

ログを読み始めて、多くの共通点を発見。悩みを相談しやすそうに感じ、カウンセリングを依頼しました。すると開口一番「通常の3倍の服があります」と言われました。そして「3年後、5年後、片付けが終わったときどんな生活を送りたいですか？」という未来に対しての質問に目が覚めました。「シンプルで上質なニットをさらりと着こなせる女性になっていたい。量より質が大事」と答え、それが目指すゴールとなりました。量を3分の1に減らせ、着回す満足感も得られるように。その経験がきっかけで、私も誰かの〝自分らしい生活づくり〟のお手伝いをしたいと思い、ライフオーガナイザー、クローゼットオーガナイザーの資格を取得。スタイリング相談を通して自信や楽しみを見《み》出《いだ》していただけることが、私自身のやりがいや喜びにもなっています。

Chapter 1

自信がないから。
——目指すスタイルを決める！

毎日着る服に満足して理想の日々を送るために

みなさん、おしゃれを楽しめていますか？　きっと、自分のおしゃれに満足していなかったり、「もっと楽しみたい」というお気持ちがあるからこそ、この本を手に取ってくださったのではないでしょうか。では、そのモヤモヤはなんなのでしょう。「同じ服ばかりある」など、自分のファッションに対する悩みと一度きちんと向き合うことが大切で、そこから始めなければ解決はしません。問題は「センスがないから」ではありません！　まずモヤモヤの原因と向き合い、次に目指すゴールを決めることが大切です。例えば、旅行に行くとき、まず行き先が決まらないと、持ち物など次の準備もできませんよね。同じように、自分が目指すスタイルのゴールが見えないと、買うべき服

How to Improve Your Sense

Do you enjoy the fashion? You should have confidence.
"I have no sense." It is a mistake. You just don't make clear the style that you aime at.
Let's make clear the style that you aim at. That is the first step of the fashion.

も見えてこない。なんとなく服を買ってしまうと、服はあるはずなのにまだ何か足りないような不満足ループにはまりがち。まずは今のご自分の現状と、目指すゴールをしっかり見つめるステップを踏みましょう。逆にゴールが明確になれば、満足のいくおしゃれに一気に近づけます。服を買いに行くよりもまず、どんな自分になりたいのか、3年後、5年後ちょっと先の自分をイメージすることから始めましょう。ひとつずつステップを踏めば、自分の目指すスタイルがわかります。主婦は、ママは、お仕事や家事、育児などで忙しい日々を送り、自分を見つめ直す機会をなかなか持てないですよね。夜寝る前などにおいしいお茶とともに「自分を知る」時間をつくってみてください！

\\ 悩みを自覚することが最初の一歩 //

“自分らしい着こなし”を見つけておしゃれを楽しもう!

自分の悩みや現状を把握することが、“自分らしい着こなし”を見つけておしゃれを楽しむ第一歩です。頭の中のモヤモヤをすっきりさせましょう。

Step 1

自分の現状を把握する

例えば病院に行ったとき、必ず「今日はどうされましたか」と聞かれますよね。服についても、何をストレスと感じているのか原因をはっきりさせて、それと向き合って解決策を導くことが大事なのです。まず、「無難な色ばかり」とか「コーディネートがワンパターンになってしまう」といった自分の悩みを思いつく限り、紙に書き出します。頭の中のモヤモヤを〝見える化〟するということが、一歩先に思考が進むきっかけになります。左ページでは、お客様によく伺う代表的な悩みをピックアップしてみました。悩み自体をはっきりさせることがなかなか難しいという方もいらっしゃいますので、チェックしたり参考にしてみてください。

悩みを自覚する！

代表的な例をご紹介します。
こちらを参考にご自身の悩みを書き出してみましょう！

- ☑ 同じような服ばかりを買ってしまう
- ☑ 着こなしがワンパターンになってしまう
- ☑ 暗い色の服ばかり着てしまう
- ☑ 小物の使い方がわからない
- ☑ 同じ服を着ても雑誌のようにすてきにならない
- ☑ 何を着たらいいのかわからない
- ☑ 雑誌の見方がわからない
- ☑ 昔似合っていた服が似合わなくなってしまった
- ☑ シンプルが好きだけど、地味になる
- ☑ プチプラは安っぽくなってうまく使えない

Step

2 ゴールイメージをつくる

「5年後にどうなっていたい？」

After five years

あなたの5年後は……

どんな暮らしをしている？

……………………………………

……………………………………

……………………………………

どんな格好をしていたい？

……………………………………

……………………………………

……………………………………

誰と何をしていたい？

……………………………………

……………………………………

……………………………………

何を楽しんでいたい？

……………………………………

……………………………………

……………………………………

「5年後にどうなっていたいか」――これは前述しましたが、私が人生の中で最も迷っていた頃、ぽんと投げかけられた問いでした。そのとき、「今好きな古着や柄物の服を着ているのではなく、カシミヤのニットをさらっと着こなす女性になっていたい」と自分が目指したい方向がはっきりわかったのです。その後、ずっと捨てられなかった大量の服を大幅に処分でき、生活が劇的に変わりました。5年後どうなっていたいかを考えると、これから買うべき服、少しずつ整理していくべき服がよくわかります。まず少し先の5年後をイメージしてみてから、もう少し近い未来の3年後、最後に具体的な1年後について考えてみます。〝どうなりたいか〟の答えはひとりひとりの中にあります。ぼんやりしていたゴールを具体的にしましょう。

“なりたいイメージ”のつくりかた

好きなスタイルを雑誌から切り抜き、似たテイストごとに集めて、キーワードを書き出す……これは講座で実際に行っている方法です。お家でも簡単にできるので、ぜひチャレンジしてみて。

point 01

好きなスタイルをスクラップする

好きな雑誌を探して、その中から「好き！ 着てみたい！」という視点で選んで切り抜きます。自分の“好き”が詰まっているので、見ているだけでうっとりするはずです。

写真を撮って携帯に保存するのもオススメ!

point 02

似たテイストごとに集める

“ベージュのアウター”“パンツスタイル”などどんなカテゴリーでもいいので、似たテイストに分けてコラージュしてみてください。

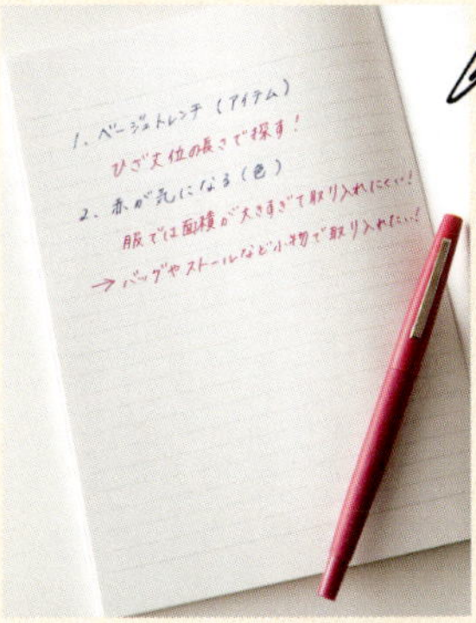

point 03

キーワードを書き出す

コラージュで発見したキーワードを紙に書き出します。ゴールイメージをより具体的にする作業です。

Step

3 理想のスタイルを自分に引き寄せる

すてきなゴールイメージのコラージュができたら、最後のステップ、実践編です。理想のスタイルを具体的に自分の着こなしにどう取り入れるかを考えます。100%同じ格好にマネできなくても、できる範囲のマネで「これで満足！」と思えるならそれで完成！　例えば〝雑誌に載っているものは高いからムリ〟ではなく、ゴールがはっきりすればユニクロやZARAなどプチプラブランドで落とし込んだり、自分の生活に合うアイテムで取り入れることが可能です。理想のコーディネートを実際にどのように落とし込むのか、その方法を例を挙げてわかりやすくご紹介してみたいと思います。

理想のコーデ

きれい色のスカートがすてき！
でも、動き回るママには
着る機会がなさそう……

パンツで取り入れる

落としどころ

色だけマネして パンツに変えれば 普段使いにぴったり

スカートだと自分のライフスタイルには難しい……それなら、色だけ拾って動きやすいパンツでトライ。プチプラブランドでも十分満足が行くはず。

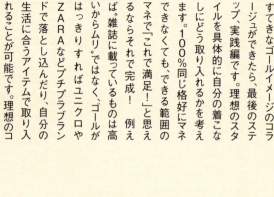

落としどころ

面積を小さくして靴や小物で取り入れる

柄ものを全身で着こなすには勇気のいる年齢だし、着て行く場所もない……大好きな柄ものは、靴や小物で取り入れれば抵抗なく身につけられます。

理想のコーデ

柄ものの
ワンピースが大好き！
でも、アラフォーである
今の自分にはなじまない….

靴で柄を取り入れる

Mini Column

「柄ものは小物」が
私のルールです

PUCCI柄が大好きなのですが、洋服は生活スタイルになじまないので諦め、ハンカチで取り入れて満足しています。

落としどころ

理想のコーデ

シンプルでクールな
スタイルに憧れるけど、
寒がりだから
靴は素足で履けない……

靴を変えて取り入れる

色をそろえて靴だけはブーツで代用

寒がりで素足で靴が履けないのなら、コーディネートはマネして靴だけ温かいブーツに変えてみて。理想のスタイルに近づけるはずです。

Chapter 2

ベーシックアイテムなら、少ない服でも着回しできる！

等身大の自分に合ったベーシックアイテムを

ベーシックアイテムを選ぶとき、例えばトレンチなど大物はいきなり「どうせ買うなら10年もののバーバリー？」となりがち。だけどベーシックとはいえ、いきなりいいものを買っても普段着に使えなかったり、着こなせなかったり……。持っているのに使わない、使い方がわからないのは、持っていないのと同じ。それよりは、今の自分が迷いなく毎日でも使えるようなものを選びましょう。いつかバーバリーを着るつもりで、いつかはシャネルを持つつもりで、今の等身大の自分に合ったものを使う。使い方の練習が必要です。トレンチコートはこう着回す。バッグはワンピースにもデニムにもいいな、と練習しておくんです。そのためのコートやバッグは無駄遣いでも

With Minimal Wardrobe

Basic clothes are very excellent!
Because their design are simple, we can make various styles
with minimal of wardrobe.

なければ失敗でもありません。逆に練習なくして、本番を迎えられますか？　それはとても難しいです。今の自分にとっての等身大のベーシックなコートやバッグ。おしゃれになるための勉強もさせてくれる。これは自分への立派な投資です。ベーシックアイテムを選ぶなら、まずは自分がよく行く店、よく着るブランドでそろえてみましょう。また着回しやすい服を選ぶ基準は、手持ちの服と合わせて３パターンつくれるかどうか。イメージして３パターンがつくれないようなら、せっかく手に入れても出番が少ないはずです。この基準を意識してベーシックアイテムをそろえましょう。そして、２〜３年ごとにくたびれ具合をチェックして、大人としての身だしなみをキープできればさらに素敵だと思います。

Basic Item ❶

Shirt

左から：シャツ／ウィム ガゼット、ユニクロ、H&M

一年中着回しのきく
王道ベーシックアイテム

一年を通してきれいめにもカジュアルにも着ることができるシャツは、ミニマムなワードローブに欠かせないベーシックアイテムです。出番の多い白シャツは、コットンとリネンの２素材をそろえておくと夏も冬も着られて便利。ダンガリーシャツはＧジャンのように羽織りとしても使えて、着回しやすいアイテムです。そして、カラーシャツの一枚めとしては薄いブルーをおすすめします。白、黒、グレーなどのベーシックな色と相性がよく、定番のデニムとも合います。夏場には涼しげな印象も与えられるので、長い期間着回しができます。

VARIATION
1
カジュアル

カジュアルアイテムを
ミックスして
こなれ感を演出

まじめになりがちなシャツをスエット×コンバースでカジュアルダウン。クルーネックニットとレイヤードするとバランスよくまとまります。

シャツ／ユニクロ
ニット／アイランド ニット ワークス
スカート／ ViS
バッグ／ Gap
靴／コンバース

VARIATION
3
きれいめ

一枚でさらっと
きれいめな着こなしも
簡単につくれる

シャツは一枚でもサマになるのが素晴らしいところ。ボタンの開け具合や袖のまくり方など細かいあしらいに注意を払って洗練度を上げましょう。

シャツ／ユニクロ
パンツ／ ZARA
ベルト／ Gap
バッグ／ボッテガ ヴェネタ
靴／リュドラポンプ
ストール／ ZARA

VARIATION
2
きれいめ
カジュアル

シャツの裾縛りなら
スタイルアップ効果も
期待できます

マキシスカートと合わせるときは、シャツはコンパクトに裾を縛るとスタイルよく着こなせます。夏らしい小物で季節感を出すのもオススメ。

シャツ／ユニクロ
タンクトップ／ユニクロ
スカート／ウィム ガゼット
バッグ／ Kitica
靴／ファビオ ルスコーニ
ネックレス／チャン ルー
ハット／ AURA

「袖をまくる、衿を調整する」などの着こなし方はP76をチェック!

Basic Item ❷

T-Shirt

着こなせなかった服も
Tシャツ一枚で定番入りに
昇格させるほど力がある

夏の定番Tシャツは、実はジャケットやニットのインナーとしても使えて一年中重宝するアイテムです。選ぶポイントは無地で余計な装飾がないこと。意外となんでもないシンプルなTシャツをお持ちでない方も多いのですが､白､黒､グレーのTシャツをそろえるだけで驚くほど着こなしの幅が広がります。あるお客様は素敵なジャケットをお持ちなのに、合う形のインナーがなく長年着ていない……というお悩みをお持ちでしたが、シンプルな白いTシャツを買い足すことで解決されました。“一枚で着る用”と“インナーとして着る用”を使い分けできるとさらに便利です。

上から：Tシャツ／エルフォーブル、ベイシーク、バンヤードストーム

きれいめカーデにほどよく抜け感を加えてくれる

インナーにTシャツで白を差して抜け感を加えると、きれいめなコーディネートが今っぽく昇華されます。首が詰まり過ぎないように気をつけて。

Tシャツ／バンヤードストーム
ニット／ Be My Baby
パンツ／ ZARA
バッグ／ティラマーチ
靴／リュドラポンプ

VARIATION
2
きれいめカジュアル

色々な表情を加えられる白Tの魅力を思う存分発揮

白Tこそ、小物使いでいくらでも着こなしにアレンジを加えられます。迷彩柄ストールとタイトスカートできれいめカジュアルにスタイリング。

Tシャツ／バンヤードストーム
スカート／ FOREVER21
バッグ／フリマで購入したもの
靴／ JIMMY CHOO
サングラス／ヴィクター&ロルフ
ストール／雑貨店で購入したもの

VARIATION
1
カジュアル

VARIATION
3
きれいめ

カーデの肩がけでコーディネートに奥行きを出して

カーディガンをアクセサリー感覚で、コーディネートに奥行きを出すために肩がけしたのがポイントです。真夏にはクーラーよけにもなって便利。

Tシャツ／バンヤードストーム
ニット／アイランド ニット ワークス
パンツ／バンヤードストーム
バッグ／ H&M
靴／コンバース

Basic Item ❸

Denim

左から：デニム／ZARA、Lee、Gap、Gap

毎日でも穿きたいくらい
ママにとってもマストなデニムパンツ

カジュアルスタイルに欠かせないデニムは、よく使うからこそ穿き心地が良くおしゃれに見えるものを選びたいですよね。Gapはプライスも安心で、生地が柔らかいものが多いのでオススメです。ブルーデニムはウォッシュのかかった薄色とインディゴをそろえておくと春夏と秋冬で使い分けられて便利。あとは白とグレーがあれば完璧です。シルエットはストレートが着回しやすく、中でも太もものサイズが合っていることが大事。ウエストは余っていてもベルトで調節できるので、太ももが合っているほうが脚のラインがきれいに見えます。

VARIATION
1
カジュアル

定番の組合せを イエローバッグで お出かけ仕様に

スニーカーと合わせるときは、細くロールアップして足首をちらっと見せるとスタイルアップ効果が得られます。イエローバッグでこなれ感プラス。

デニム／ Gap
トップス／無印良品
バッグ／チャールズ&キース
靴／コンバース
ネックレス／雑貨店で購入したもの

VARIATION
3
きれいめ

きれいめ小物を 投入すれば きちんとした印象に

シンプルなニット×デニムパンツも、パンプスや小ぶりクラッチなどきれいめな小物を投入することで一気にきちんとした印象に見せられます。

デニム／ Gap
ニット／ユニクロ
バッグ／シンゾーン
靴／リュドラポンプ
ネックレス／アネモネ

VARIATION
2
きれいめ
カジュアル

カジュアル小物で ほどよくきれいめな デニムスタイル

シャツを合わせるとグッときれいめ感が強まりますが、かごバッグやウェッジサンダルでラフさを出すとちょうどいいバランスに仕上がるはず。

デニム／ Gap
シャツ／ウィム ガゼット
タンクトップ／ユニクロ
バッグ／ Kitica
靴／ファビオ ルスコーニ
ネックレス／フランスで購入したもの

Basic Item ❹

Cropped Pants

9分丈パンツ

カジュアルにも
きれいめにも
着回せる9分丈パンツ

仕事や保護者会など、きちんとした格好をしなければいけない機会も実は多いママ業。足首が見えすぎない9分丈パンツを持っているとそんなシーンにも広く対応できます。最も使えるのが黒で、ほかに白、グレーも便利。脚のラインが出すぎず、パンツのシルエットが生きているくらいゆとりのあることがきれいに着こなす秘訣《ひけつ》です。またテロンとした柔らかい素材よりもハリのある素材のほうがすっきり見えやすくてオススメ。最近ではスニーカーに合わせてカジュアルダウンする着こなしも流行っているので、着回し度がより高いのもうれしいです。

左から：パンツ／ZARA、Peserico、ユニクロ

組合せ次第で お出かけ仕様に アップデート

トップスや靴次第では、お出かけ仕様にも着こなせる9分丈パンツ。柔らかいシルクトップスとハイヒールで、女性らしさが一気にアップします。

パンツ／ ZARA
トップス／ ZARA
バッグ／ PLST
靴／マーク ジェイコブス
ネックレス／雑貨店で購入したもの

VARIATION
2
きれいめ カジュアル

フラットシューズでも すっきり美脚が叶う 魔法のパンツ

穿くだけで美脚に見せられる黒の9分丈パンツだから、フラットシューズと合わせても気にならないのがうれしい。ママにはマストなアイテム。

パンツ／ ZARA
トップス／マルニ
バッグ／ティラマーチ
靴／フェラガモ

VARIATION
1
カジュアル

VARIATION
3
きれいめ

白フラットでつくる 抜け感たっぷりの 夏の黒パンツスタイル

フラットサンダルとも相性よく合わせられる丈感が魅力です。白い靴なら抜け感や軽さを出せて、夏でも黒パンツが重たくならず着こなせるはず。

パンツ／ ZARA
トップス／マウジー
タンクトップ／ユニクロ
バッグ／ファティマ モロッコ
靴／チャールズ&キース
ネックレス／フリーマーケットで購入したもの

Basic Item ❺

Knit

どんなボトムにも似合う
ベーシックニットこそ
何枚もそろえておきたい

ベーシックなニットは、どれだけ流行が変わっても着続けられる永遠の定番アイテムではないでしょうか。クルーネックとVネック、両方あると便利ですが、どちらか迷ったときはクルーネックをオススメします。シャツなどをレイヤードしやすく着回しやすいと思います。またローゲージよりハイゲージのほうがジャケットのインナーにも着られるので使い勝手がいいです。冬のニットだけではなく、春や夏の始めまで着られる薄手の半袖ニットも持っておくと、年齢的にもTシャツ一枚ではカジュアルすぎる……というときに使えて大活躍します。

上から：ニット／アイランド ニット ワークス、ユニクロ、ユニクロ

VARIATION
1
カジュアル

Tシャツ代わりに さらっと一枚で 潔い着こなし

春先であれば、Tシャツのようにショートパンツと着こなしても可愛い薄手ニット。夏小物を合わせて、シンプルなニットに華やかさを加えます。

ニット／ユニクロ
パンツ／ Gap
バッグ／雑貨店で購入したもの
靴／ファビオ ルスコーニ
ネックレス／フランスで購入したもの
ターコイズブレスレット／ドレステリア

VARIATION
3
きれいめ

きれいめ感をアップ するならシャツの レイヤードが効果的

白シャツをレイヤードするときちんとした印象に。Vネックのレイヤードはクルーネックよりシャープになるので、袖をまくるなど細かく調整を。

ニット／ユニクロ
シャツ／バグッタ
パンツ／ Gap
バッグ／ H&M
靴／フェラガモ

VARIATION
2
きれいめ
カジュアル

スカートにインして コンパクトにも 着こなせるのが魅力

ハイゲージなら、ボトムにインして着こなせるのも魅力。ふんわりスカートのボリュームを生かして、スタイルアップ効果抜群のコーディネート。

ニット／ユニクロ
スカート／ ZARA
バッグ／ no brand
靴／リュドラポンプ
ネックレス／雑貨店で購入したもの
ハット／ AURA

Basic Item ❻

Border Shirt

左から：ボーダーカットソー／ユニクロ、無印良品、H&M

こなれカジュアルの代名詞
もはや“無地”感覚のボーダー

定番すぎてもはや無地のように着回せてしまうボーダー。コーディネートのアクセントにちょうどよく一年中使えるので、夏には半袖、冬には長袖でそろえておきたいもの。特にコットンは3シーズン使えるので、ボーダーの色やピッチ違いで何枚か持っておくと役立ちます。ボーダーに抵抗がある方やカジュアルすぎるスタイルが苦手な方は、写真真ん中のような顔まわりが無地のデザインを選ぶと取り入れやすいです。ピッチは細すぎず太すぎずの中間くらいのものが初心者向き。レースなどもあしらわれていない、ごくシンプルなものを選びましょう。

Basic Item ⑦

Tank Top

左から：タンクトップ／ Gap、ユニクロ、ユニクロ

実はきちんとこだわるべき 名脇役のタンクトップ

隠れ名脇役であるタンクトップ。白とグレーの２色があればほとんどのアイテムに合わせられます。特に白は、きれいめなリブなしとカジュアルなリブありの２種類をそろえることが重要ポイント。ジャケットにリブありのものはカジュアルで合わないし、Ｔシャツにリブなしのものだと肌着っぽく見えてしまったり……細部へのこだわりが大事です。着丈はベルトループが隠れるくらい長め、ストラップは細めで首元が深めのＵネックになったデザインがオススメ。ユニクロや Gap は手に取りやすいプライスなのに、シルエットが抜群にきれいです。

〝服を選ぶ基準は？〟

まず、服を選ぶ基準として私がいつも気をつけていることは〝今の自分のライフスタイルに合っているか〟ということです。毎日の生活の中で、本当に着るものかどうかきちんと吟味することが大切です。金額も背伸びしすぎていないか、逆にプチプラすぎないか、自分の年齢に合っているかに気を配っています。プチプラのものは安っぽく見えないかどうかも注意します。化繊のテロンとした生地は安っぽく見えがちなので選ばず、生地のハリ感があって、縫製がきちんとしているものを選びます。逆にトレンチやブーツなど大物の定番アイテムは〝5年着られるもの〟という視点で、ある程度値が張っても良質なものを選んでいます。お金をかけていいものと消耗品とを使い分けることも、少ない服でおしゃれを楽しむ秘訣だと思います。

基本アイテムは夏用と冬用の両方持っておく

自分が好きでよく着るアイテムは、一年通して着られるように春夏用と秋冬用をそろえましょう。例えば夏にボーダーTシャツをヘビロテしているなら、何も夏限定のアイテムにする必要はありません。冬に着るボーダーのニットも持っていれば、一年中自分の得意なボーダーのコーディネートができます。味方服を常に着られる状態にすることが、少ない服でも着回せるコツのひとつです。私の場合はボーダーや白パンツ、デニムパンツ、ストール、得意色であるベージュニットなど。季節を問わずいつでもお気に入りの服を着られることは、気分よく毎日を送れることにもつながります。

きれい色のストール

コーディネートのポイントによく使う色のストールは、夏用に麻やリネン素材のもの、冬用にウールやカシミヤ素材のものをそろえています。

白いパンツ

一年を通して欠かせない白パンツはコットンとコーデュロイの2種類をそろえています。きれいめとカジュアル、印象が変わるのも便利。

ベージュのニット

私の得意色であるベージュは、ニットの中でもよく手に取る色なので春夏用のコットンと秋冬用のカシミヤの両方をそろえています。

ボーダーカットソー

ボーダーアイテムが好きでよく使うのであれば、夏用にTシャツ、冬用にカットソーやニットを持っておくのがオススメです。

シンプル服にエッセンスを加えてくれるアクセサリー

シンプルでベーシックな服に、TPO に合わせた
アクセサリーをプラスすることでコーディネートをアップデート。
色々な表情がつくれます。

インパクトネックレス

特に夏に活躍するインパクトネックレス。ターコイズやウッド、シェルなどのモチーフが、シンプルなカットソーを華やかに見せてくれます。

a_チャン ルー　b_ガリャルダガランテ
c_雑貨店で購入したもの　d_フランスで購入したもの

ピアス

シンプルな服だからこそ、コーディネートの雰囲気に合わせて大ぶりのピアスをつけ替えるだけで、グッと垢抜けた印象になります。

a_オージュ・ドゥイ　b_コラリアリーツ
c_バーニーズ ニューヨーク　d_JUICY ROCK
e_オージュ・ドゥイ　f_ZARA

ネックレス

カジュアル服を上品にまとめられるゴールドやパールのネックレスは、どんなコーデにも似合う必需品。ボリューム違いでいくつかそろえておくと便利です。

a_トゥモローランド　b_雑貨店で購入したもの　c_アネモネ
d_H&M　e_中近東で購入したもの　f_アネモネ

ブレスレット

ブレスは重ねづけしやすい華奢なコードタイプや、リボン、ビーズなら、小さなお子さんがいてもつけやすくオススメ。

a_ドレステリア　b_雑貨店で購入したもの　c_KBF　d_貴和製作所
e～h_すべてJUICY ROCK

こなれスタイルをつくるアクセサリーのつけ方 8つのルール

アクセサリーのつけ方にはルールがあると思っています。
それらに気をつけるだけで忙しくてもおしゃれに
手をかけているように見せられます。

2 ロングネックレスは先端がみぞおちにくるように

長すぎると胴長に見えるし、ブラブラして邪魔になってしまいます。華奢なチェーンでもアクセとしてポイントになってくれるバランスのいい長さがみぞおち。膨張するトップスの引き締め役としても一役買ってくれるのがうれしい。

1 華奢なブレスは重ねづけ

華奢《きゃしゃ》なブレスはひとつだけだとさみしい印象になってしまいます。色を拾いながら3本くらい重ねると、ほどよく華やかでおしゃれな手もとに。レイヤードすることで手もとにもコーディネートが生まれ、おしゃれに奥行きが出ます。

4 服となじむアクセサリーを

柔らかい色の服には、同じトーンのアクセサリーでなじませるのがおしゃれに見せる簡単なコツのひとつです。同色系にまとめるときは、石などのきらめきでアクセントをつくるとコーディネートが地味になりません。

3 フープピアスはゴールドとシルバーの両方持つ

シンプルでどんな服装にでも合うフープピアスは必須アイテムのひとつ。肌なじみのいいゴールドも使えるし、夏場やグレー系の服にはシルバーでクール&涼しげにまとめるのも可愛いので、両方そろえておくと活躍します。

5 パール×パールはフォーマルすぎる

パール×パールだと、どうしても冠婚葬祭のイメージが強くなってしまいます。シンプルなフープピアスやゴールドネックレスなどと組み合わせて、パールはどちらかひとつに絞ることがこなれ具合をアップさせるポイントです。

6 時計に合わせるブレスは細いものを

時計の手前に華奢なブレスを2本レイヤードすることで、“ただ時計をつけているだけ”よりも一段とこなれ度がアップします。あくまでも時計が主役になるように、ブレスは繊細なデザインのものを選びましょう。

7 ビジューアクセをつけるときはほかのものをおとなしく

アクセサリーを身につけるときも、足し算引き算が大事です。ビジューアクセはそれだけで存在感があるので、そのほかはシンプルにまとめるほうがバランスがいいです。

8 アクセサリーで色を取り入れる

服では取り入れにくい色ものも、面積が少ないアクセサリーなら挑戦しやすい。好きだけどファッションでは取り入れられない……という色を身につけることで満足感もUP。シンプルになりがちな夏の手もとに遊び心をトッピングできます。

ストールでひとつの服を何パターンにも見せられる

ベーシック服に彩りを加えられるストール。
夏には差し色として、端境期《はざかいき》には季節を先取り
したり……一枚の服を何通りにも見せられ、
手軽に印象を変えられるので、
好きなテイストのストールをそろえておくのは
オススメです。

Stole Catalog ストール カタログ

TPOに合わせてコーディネートにプラスできるように、持っておくと便利なストールを6種類ご紹介します。

01 | なじませ色ストール

ベーシックな服になじませて取り入れることで、コーディネートに奥行きが出ます。私はベージュ系の服が多いので、ストールもZARAのベージュ〜ブラウン系のものをなじませ色として使うことが多いです。

02 | きれい色ストール

春には優しいピンク、夏には鮮やかなブルーなど、季節を楽しみながらコーディネートができるのもきれい色ストールのいいところです。ピンクは雑貨店で見つけたもの、ブルーはZARAのもの。

03 | チェックストール

カジュアルコーディネートに欠かせないZARAのチェックストール。大判のものをぐるぐる巻くと、可愛いボリューム感が出ます。グリーン×ネイビーの落ち着いたトーンなら、大人にも挑戦しやすいはず。

04 | レオパード柄ストール

コーディネートのアクセントになるZARAのレオパード柄ストール。かっこいいイメージでスタイリングしたいときに巻くことが多いです。服では取り入れにくい柄ものも、面積が小さいストールなら比較的簡単。

05 | ニットのスヌード

すっぽりかぶるだけでグッとおしゃれに見せられるのがニットスヌードのすてきなところ。秋の終わりから冬の始め頃、季節を先取りしたいようなときに合わせると可愛いです。BCBGMAXAZRIAのもの。

06 | なじませ色のファー

ファーストールも秋から冬にかけての端境期に季節を先取りしたいときに活躍します。なじませ色で、カジュアルに合わせると使いやすい。大判のベージュはZARA、ブラウンはFREE'S MARTのもの。

機能性＋デザイン性＋プライス
今の自分にちょうどいいバッグを見つけよう

バッグを選ぶポイントは、機能性＋デザイン性＋プライスすべての
バランスが“今の自分にちょうどいい”ことです。

Bag Catalog バッグ カタログ

仕事の日、ママ友と会う日、ひとりの日、子どもと一緒の日……TPOに合わせてサイズ感やデザインを変えています。

01 Work bag お仕事バッグ

C

B

A

仕事の日は、かっちりしていてA4サイズが入り容量が大きいことが必須条件です。合皮でもきちんと見えるものがベスト。

A_上質に見える質感が気に入っているZARAのかっちりバッグ。B_重いものを入れても型崩れしないティラマーチのトート。C_大きくても白なら抜け感を出せるPLSTのフェイクレザー。

03 Shoulder bag ショルダー

G

F

斜めがけもできて普段使いしやすいショルダーバッグは、ママには欠かせません。プチプラのもので気軽に取り入れています。

F_ZARAで見つけたショルダーバッグは、大好きなスタッズがあしらわれていても大人っぽく持てるところが気に入っています。G_こちらはH&Mで購入したもの。ブラウンがかったグレーがとても使いやすくて重宝しています。

02 Mini shoulder bag ミニショルダー

パーティやおでかけなど、ちょっぴりスペシャルな日には女性らしい小ぶりなチェーンバックが活躍しています。

D_ヘンリベンデルのチェーンバッグは、NYに行ったときに記念に購入。チェーンの長さの調節がきいて、使い勝手抜群です。E_プラダは大好きなキャメルとフリンジ使いがお気に入りです。

E

D

04 Tote bag トートバッグ

J

I

H

公園など子どもと出かけるときには、汚れても気にならないキャンバス地のトートバッグがもってこい。何個もそろえています。

H_ネオンのオレンジストラップがおしゃれな印象。Gapで購入。I_フライング タイガー コペンハーゲンのトートは、ひげモチーフが可愛い。J_L.L.Beanはカジュアルな日の必需品です。

05 Basket bag かごバッグ

M

L

K

夏になると必ず活躍するかごバッグ。少しディテールがあるけれど、どんなスタイルにも合わせやすそうなものをセレクト。

K_Kiticaで購入。コーディネートを明るく見せてくれます。L_雑貨屋で購入した、グレーグラデのコーデを楽しめるバイカラー。M_ファティマ モロッコは持ち手がレザーなので冬でも活躍。

着回しLESSON！

春夏編
Spring & Summer

10日間 シンプル服＋小物でつくる 着回しコーディネート

必要最低限のベーシック服７枚と小物８アイテムでつくる
10日間の着回しコーディネート。手持ちの服でマネしてやってみましょう！

春夏に持っておきたい厳選7枚はこちら！

トップス
4枚

4

4 ネイビーの薄手ニット

ベーシックカラーのサマーニットも一枚あると、クーラー対策など温度調節できて便利です。

アイランド ニット ワークス

3

3 水色シャツ

カラーシャツの中では一番使いやすいブルー。モノトーンに涼しげな印象をプラスできます。

ウィム ガゼット

2

2 ボーダーカットソー

無地が多くなるシンプル服同士のコーディネートに、さりげなくアクセントを加えてくれます。

H&M

1

1 白Tシャツ

春夏は特に欠かせないベーシックな白Tシャツ。一枚で着るのはもちろん、インナーとしても活躍。

バンヤードストーム

7

7 ひざ丈スカート

春夏は着回しやすいシンプルなスカートがあると便利です。流行のスエット素材ならほどよくカジュアルに。

ViS

6

6 ホワイトパンツ

きれいめにもカジュアルにも着こなせる白デニムもあると便利。細身のものがベスト。

ユニクロ

5

ボトムス
3枚

5 水色デニム

夏用のデニムは薄色がオススメです。細身のストレートが今っぽくて使いやすいはずです。

Gap

＋ 小物8点

ストール
2枚

ⓑ 白ストール

くるっと首元に巻くだけで、コーディネートに清潔感と抜け感を加えられる真っ白なストール。

無印良品

ⓐ ピンクストール

顔色を優しく見せてくれるやわらかなピンクストールは、春夏に持っていると重宝するはず。

BEAMS

バッグ
3つ

ⓔ かごバッグ

春夏のマストアイテム。持つだけで季節感が加わって、コーディネートが一気に垢抜けます。

Kitica

ⓓ 白いバッグ

フェイクレザーだから白でも汚れを気にせず使えます。春夏には白バッグがあると何かと合わせやすい。

PLST

ⓒ ベージュのバッグ

お仕事用のバッグはサイズが大きい分、春夏は明るめカラーを持っておくと重たくなりません。

ティラマーチ

靴3足

ⓗ 白いスニーカー

スニーカーをまず一足持つとしたら、コンバースの白ローカットが一番使いやすいと思います。

コンバース

ⓖ ベージュパンプス

ベーシックパンプスは、仕事や保護者会などきちんとした場にも必要なのでそろえておきたい。

ダイアナ

ⓕ 白いサンダル

足元にも白い靴を投入できると、春夏のコーディネートが洗練されます。楽ちんフラットです。

チャールズ＆キース

Day

1

ストールはボリュームを
出して巻くのがポイント!

4＋5＋ⓑ＋ⓒ＋ⓖ

お客様の家へ
クローゼットオーガナイズに

仕事の日は、デニムスタイルもきれいめにまとめることが多いです。ベージュパンプスとベージュのバッグできちんとした印象に。ダークカラーニットに白ストールを巻いて明るさを。

Day

2

2＋7＋ⓑ＋ⓔ＋ⓕ

ママ友と話題の
カフェでお茶

ボーダーカットソー×スエットで思いっきりカジュアルだけど、スエットがタイトスカートならお出かけ仕様に仕上げられます。夏らしい小物で季節を先取りして。

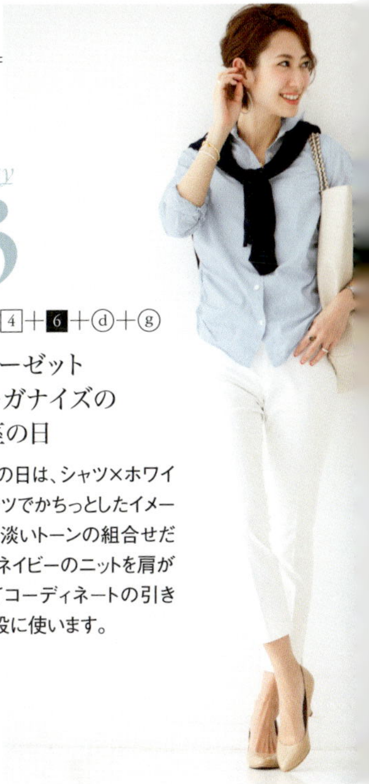

Day 3

[3]+[4]+[6]+ⓓ+ⓖ

クローゼット オーガナイズの 講座の日

講座の日は、シャツ×ホワイトパンツでかちっとしたイメージに。淡いトーンの組合せだから、ネイビーのニットを肩がけしてコーディネートの引き締め役に使います。

Day 5

[3]+[4]+[7]+ⓓ+ⓗ

講座用の資料集めに 書店へ

ネイビーニット×カジュアル素材のスカート×スニーカーは、こなれカジュアルの王道コーディネートです。シャツを腰巻きすることでスタイルアップ効果が狙えます。

Day 4

[1]+[2]+[5]+ⓓ+ⓕ

急いで娘のお迎え ラフコーディネートが一番

娘の習い事のお迎えには、楽ちんなTシャツ×デニムパンツが一番。ボーダーカットソーを肩がけしたり、フラットサンダルで抜け感を加えることで、こなれ度合いをアップさせます。

\ フラットな靴のときは裾を必ず ロールアップしてバランスをとる! /

タンクトップの肩紐を
見せるとこなれる!

Day
6

2＋6＋ⓓ＋ⓕ

仕事の合間に
友達とランチ

いつものボーダーも白パンツを合わせると明るくおしゃれな印象に。ターコイズのアクセサリーを合わせると夏らしくなります。

Day
7

1＋3＋5＋ⓒ＋ⓖ

会社でミーティングの日は
きれいめカジュアルが基本

ミーティングの日は動きやすいけどカジュアルすぎないバランスに。ブルーシャツとデニムのワントーンコーディネートは、それだけでこなれた印象に見せやすい。白Tシャツの裾を出して抜け感を。

Day
8

1＋7＋ⓐ＋ⓔ＋ⓗ

お休みの日
娘と公園へ

休日には娘と公園で遊ぶこともしばしば。ラフな格好でも薄色の大判ストールをさらっと巻き、日差し対策のサングラスをかけるだけでも雰囲気が出ます。

Day 9

2＋4＋6＋ⓔ＋ⓗ

インテリアチェックも お仕事のひとつ

ネイビーニットにホワイトデニムのシンプルスタイルには、ボーダーカットソーを肩からかけてアクセントを。これだけで一気におしゃれに見せられます。

アクセサリーを ゴールドで合わせて

Day 10

3＋4＋7＋ⓒ＋ⓖ

PTAの集まりで 小学校へ

シャツとタイトスカートできちんとした印象に。かっちりすぎるのも浮いてしまうので、スカートのスエット素材でこなれ感を。ネイビーニットを腰巻きして引き締め効果も狙います。

着回しLESSON！

秋冬編
Autumn&Winter

10日間着回しコーディネート
シンプル服+小物でつくる

春夏に比べると秋冬はどうしてもアイテムが増えがちですが、
ここでは春夏と同じ点数（+アウター2枚）での10日間の着回しをご紹介。

秋冬に持っておきたい厳選9枚はこちら！

トップス
4枚

1

1 チェックシャツ

チェックシャツはインナーにしてチラッと見せたり、冬にはちょうどいいポイントになります。

H&M

2

2 ボーダーカットソー

一年通してマストアイテムのボーダーは、秋冬は色を反転させると印象を変えられてオススメ。

無印良品

3

3 グレーの丸首ニット

ベーシックなグレーのクルーネックニットも、秋冬には欠かせないアイテムのひとつです。

スカリオーネ

4

4 パーカ

シャツやニットとレイヤードするのにちょうどいいスエットパーカは、あると重宝するはず。

無印良品

ボトムス
3枚

5

5 9分丈パンツ

9分丈パンツは、秋冬にはダークカラーがあると使いやすいと思います。今回はブラックに。

ZARA

6

6 白デニム

抜け感をつくる白パンツは、季節を問わず持っておきたいアイテムです。細身が使いやすい。

Lee

7

7 黒の台形スカート

ひざ丈スカートも、一枚持っておくと着こなしの幅が広がります。秋冬は黒のシンプルなものが最適。

DES PRÉS

アウター
2枚

8

8 トレンチコート

トレンチコートは秋に最も活躍するアウター。ライナーつきだと、冬にも使えてかなり便利。

バーニーズ ニューヨーク

9

9 ショート丈ダウン

スカートにもパンツにも合わせやすいショート丈のダウンジャケットも、冬に持っておきたいアイテム。

デュベティカ

＋小物8点

ストール
2枚

ⓑ ニットストール

秋冬のカジュアルコーディネートになじむのはニットストール。巻き方で雰囲気を変えられます。

FOREVER21

ⓐ チェックストール

大判のチェックストール。ぐるっと巻いてコーディネートのアクセントに活躍するはずです。

ZARA

バッグ
3つ

ⓔ L.L.Beanのトート

公園へ行ったり子どもと出かけるときには、汚れが気にならないキャンバストートが必須です。

L.L.Bean

ⓓ 黒のショルダーバッグ

ベーシックなブラックでも、スタッズ使いでアクセントをつくれるデザイン性が魅力的です。

ZARA

ⓒ こげ茶色のバッグ

仕事の日に使い勝手のいいバッグ。秋冬はダークトーンのものが合わせやすくてオススメです。

ZARA

靴3足

ⓗ 白いスニーカー

秋冬も、スニーカーを一足持っておくなら白のローカットコンバースが一番使いやすいです。

コンバース

ⓖ 茶色のロングブーツ

ローヒールの定番ロングブーツはベーシックカラーを。私はベージュ系の服が多いのでブラウンに。

サルトル

ⓕ 黒のフラットシューズ

タイツにもなじむ黒のフラットシューズは、秋冬に一足そろえておくと着回しやすいと思います。

レーヴ ダン ジュール

Day

1

3＋5＋❽＋ⓐ＋ⓒ＋ⓖ

クローゼットオーガナイズでお客様のお宅へ

秋の仕事スタイルは、トレンチコートできちんとした印象に見せられます。コスチュームネックレスやチェックストールを肩から垂らしてコーディネートに華やかさを加えたのがポイント。

Day

2

2＋4＋6＋❾＋ⓔ＋ⓖ

寒さが厳しい日の公園はダウンで防寒

寒い日の公園遊びは、ダウンでしっかり防寒します。ブーツインして足元も温かく。ショート丈のアウターにはパーカを腰巻きしてコーディネートに奥行きを出すと、おしゃれ度がアップします。

シャツをレイヤードするときは
衿、袖、裾の３点を出す!

Day

3

1＋3＋5＋ⓒ＋ⓗ

今日も一日クローゼットオーガナイズへ

クルーネックニットにチェックシャツをインして衿や裾をちらっとのぞかせると、こなれ度がアップします。9分丈パンツなら、スニーカーでもカジュアルダウンしすぎず仕事の日にもいいバランスで着こなせます。

Day 4

2 ＋ 4 ＋ 7 ＋ ❽ ＋ ⓓ ＋ ⓕ

お買い物同行には
こなれレイヤードスタイル

お客様のお買い物同行の日。レイヤードを駆使するとこなれ感が増量できるので、ボーダーにパーカを重ねて、さらにトレンチコートを羽織って。シンプル同士の組合せでも重ねれば華やかな印象になります。

大判ストールはアウター代わりに肩がけできる

Day 5

3 ＋ 6 ＋ ⓐ ＋ ⓒ ＋ ⓖ

最近人気のレストランで
ママ友とランチ

ママ友と人気のレストランにランチへ。こんな予定のある日は、ベージュニット×ホワイトデニムできれいめカジュアルに。小物もブラウン系で統一します。それだけだとさみしいので、チェックストールを羽織りました。

Day
6

1＋7＋❾＋ⓔ＋ⓗ

久しぶりにゆっくりショッピング

冬はブラックコーディネートの頻度が高くなります。重たい印象にならないように、赤のチェックシャツを挟んで。小物も白系で統一すると、すっきり着こなせます。

Day
7

2＋5＋ⓑ＋ⓓ＋ⓕ

気になっていたベーカリーへ買い出し

ご近所にお出かけするときは、ボーダーカットソー×ブラックパンツのようなシンプルコーディネートが心地いいバランス。バッグと靴の色を合わせ、ニットストールをひと巻きして冬のおしゃれを。

衿をつぶさないよう
立てた衿の下からニットを通す!

Day
8

1＋3＋6＋ⓔ＋ⓗ

子どもとのお出かけはカジュアルに華やかさを

チェックシャツを主役にしてカジュアルな中にも華やかさを出します。ベージュニットを肩に巻いて、“ただトップスとパンツを合わせた”だけには見られないように。

Day

9

4＋2＋7＋ⓓ＋ⓕ

仕事の合間に気になる カフェでひと休み

気になっていた原宿のお店『niko and ... TOKYO』へ。リラックスできるパーカ×スカートのお出かけスタイルでもボーダーカットソーを腰に巻けば、おしゃれ度がアップします。

ニットも袖を
まくったほうがおしゃれに!

Day

10

3＋1＋5＋ⓔ＋ⓕ

今日は小学校で保護者行事の日

保護者の行事には、カジュアルすぎないバランスに気をつけます。きれいめニットとパンツの組合せには、チェックシャツを肩から羽織って自分らしく。

［着回しLESSON］

番外編

“コートだけは着回さず印象を変える”がマイルール

シンプルなクローゼットを心がけていても、アウターだけは特別扱いな私。おしゃれが大好きなので、どんなにおしゃれをしても上からコートを着ると冬はいつも同じイメージになってしまう……というのが残念なのです。黒いコートを着た翌日はピンク、次はトレンチというように色々着られている満足感が好きで……これは特別マイルールです（笑）。

似合う色のサーモンピンクをコートで取り入れて

着ているとよく褒められるTOP SHOPのコートは、きれいなサーモンピンクにひと目惚れ。カラー診断で自分の得意な色だとわかっていたので、大きな面積で取り入れてみました。似合う色のコートならば、安心して着られます。

5つの条件をクリアした今の私に合うトレンチ

今の私に必要なトレンチの条件を考え、次の5つをクリアするものを3年かけて見つけました。①仕事で着られる②娘とのフォーマルなお出かけにも着られる③膝上すぐの丈④グレージュではなく得意な色のベージュ⑤予算3～5万弱……こんなアンテナを張っていたので、バーニーズのセールで条件を満たすトレンチを発見できました。ファーやライナーが取り外し可能で便利です。トレンチは永遠の定番なので、年齢を重ねたら憧れブランドを着たいな……と新たなアンテナを張っています。

コートの選び方は?

コートはせっかく買うならいいものを……と思いがち。お気持ちはとってもよくわかるのですが、突然ハイブランドのものを買っても「もったいない」で宝の持ち腐れになってしまいます。値段ではなく自分基準の「着心地がいい」が本当に心地いいもの。今の自分が毎日でも迷いなく使えるコートを探しましょう。

寒い日にも温かさをキープしながらきれいめが楽しめる

ムートンコートは、寒い日にもしっかり温かさをキープしながらダウンよりきれいめに着こなせるから真冬に活躍します。重くならないようオフホワイトを選択。NATURALBEAUTY BASICで購入したもの。

シャープなブラックコートはショート丈が好バランス

バーニーズ ニューヨークで購入したブラックコート。重たくならないように、ショート丈を選びました。カジュアル服もきれいめに着こなせます。

春から初夏にかけてのサブトレンチ的な役割の一枚

5月から6月くらいの時季に、サブトレンチ的な感じで羽織っているユニクロのアウター。メイントレンチはベージュを持っているのでネイビーに挑戦。

端境期に活躍するレザージャケットはコンパクトなシルエットがベスト

アダム エ ロペのレザージャケットは、春先と秋の端境期に重宝しているアウターです。コンパクトシルエットだから、大人っぽく着こなせます。

カジュアルセット

シーンごとの服を
迷わず選べると
ぐっとおしゃれの自信がつきます！

＼おしゃれのコツ1／

Fashion secret 1

小物セットをつくっておく

自分のTPOに合わせた小物セットをつくっておくと、シンプル服に合わせるだけでいいので、時間がなくても慌てなくてすみます。小物のセット化はクローゼットオーガナイズの基本メソッドで、時短コーディネートの大きなポイントです。

基本のカジュアルセット

キャンバス地トート×スニーカーは、カジュアルをスタートするのにまずそろえておきたいセットです。チェックストールをアクセントにして、コーディネートに華やかさをプラスできるようにします。

公園セット

子どもと公園に行くときには、日焼け防止のサングラスや帽子が欠かせません。VANSのスニーカーとフィリップ リムのトートバッグで、カジュアル度の高いセットの完成です。

夏のカジュアルセット

パーソナルスタイリングに伺うと、意外と持っていない方も多いかごバッグ。夏の代表格だから、ひとつ持っておくと何かと使えます。そして歩きやすいウェッジサンダルで、ラクにきれいをつくって。

きれいめセット

キャメルセット

きれいめセットは、カラー別に分けておくとコーディネートに合わせやすいと思います。私の場合、自分が好きなキャメルは似たトーンでそろえておいて、秋のシーズンによく使っています。

黒セット

ベーシックカラーの定番ブラックは、必須でそろえておきたいセットです。どんなコーディネートにも合わせやすそうなデザインを選びます。バッグはボッテガ、パンプスはマーク ジェイコブス。

ブラウンカラーセット

定番色の黒と茶色はどちらもそろえておきたいですが、使用頻度の高いほうを仕事用にしておくと便利です。茶色は色味を完全にそろえなくても、自然になじむくらいトーンが合っていればOK。

おしゃれのコツ2

Fashion secret

2

小物で季節を先取りするとおしゃれがもっと楽しくなる！

端境期に色や素材で季節感を少し先取りするのが好きです。季節を楽しむおしゃれをしているとウキウキ、明るい気持ちになれるから。

Spring Color

春とはいえまだまだ寒い
3月くらいの時期は、
小物だけでもピンクやイエロー
などの明るい色、リネンやコットン素材を
身につけると、一歩先に春の気分が
味わえて明るい気持ちで過ごせます。

Autumn Color

冬のおしゃれを始めるには
まだ寒くなりきっていない秋の端境期。
薄手のニットにウールやファーを
小物で部分的に取り入れることで、
厚着にならなくても
季節感を少し先取りできます。

ラクだけど
きれいめに

scene 1.

帰省ファッション

＼おしゃれのコツ3／

Fashion secret

3

シーンに合わせたコーディネートをつくっておく

帰省や雨の日、パーティなど特別なシーンの服は時間があるときにセット化して記録しておくとぐんとラクに。

point_1

シワが気にならない加工のジャケット

もともとシワ加工してあるジャケットなら、移動して着崩れる心配がありません。

point_2

シワになりにくい薄手のニットカーデ

シワがつきにくく、たためばコンパクトにまとまるニットカーディガンは旅の必需品。

point_3

歩きやすいフラットシューズ

スニーカーほどカジュアルすぎないフラットシューズは帰省にはもってこい。

帰省する日は動きやすくきちんとした雰囲気に

新幹線などの移動中はラクで、義両親に顔を合わせても好印象なきれいめのスタイル。冬はジャケットに替えてかさばらないコートを。

ジャケット／ドゥーズィエム クラス
トップス／ユニクロ
Tシャツ／バンヤードストーム
パンツ／ ZARA
バッグ／ヘンリベンデル
靴／レーヴ ダン ジュール

帰省先で公園に出かけるカジュアルシーン

帰省先でも、子どもがいると公園に行ったりカジュアルシーンは必ずあります。キャンバス地のトートを持っていくと何かと便利。

トップス／無印良品
パンツ／ZARA
バッグ／L.L.Bean
靴／レーヴ ダン ジュール
ストール／無印良品

point_4

アクセ代わりにストールを投入

アクセは多くは持っていけないから、ストールでアクセント。カジュアルでもおしゃれな印象。

point_5

小さくたためるスカート

たたむとポケットティッシュくらいになるスカート。シワになりにくく、帰省先のお出かけに最適。プチプラでも見つかります。

義両親含めて家族そろってお食事に

お食事のときには、それなりに華やかにTPOをわきまえておきたいもの。小さくたためるとろみ素材のスカートが一枚あると便利。

トップス／ユニクロ
ジャケット／ドゥーズィエム クラス
スカート／バーニーズ ニューヨーク
バッグ／ヘンリベンデル
靴／レーヴ ダン ジュール
サングラス／ヴィクター&ロルフ

2段階持って
おくと便利！

scene 2.

雨の日ファッション

大降りの日

レインブーツとレインコート代わりのトレンチで雨対策

濡れても問題ないナイロン素材のバッグとアウターを。エーグルのレインブーツは筒が細く脚がすっきり見えます。

コート／ユニクロ
トップス／ H&M
パンツ／フローレント
バッグ／ダンケ
靴／エーグル

小降りの日

小雨の日はラバーのフラットシューズをさりげなく投入

小雨の日はラバー素材のフラットシューズがちょうどいいです。明るい気分になれるように黄色をセレクト。

トップス／バゲッタ
スカート／ ZARA
バッグ／ティラマーチ
靴／ファビオ ルスコーニ
ネックレス／雑貨店で購入

普段使いも
できる服で

scene 3.

パーティファッション

どんなパーティでも

気負わない自分らしいスタイルの延長線上にあるパーティ服が正解

パーティシーンは歳を重ねるごとに少なくなっていくもの。普段にも着られるデニム素材のワンピに小物でパーティ感を出します。

ワンピース／アクネ
バッグ／ヘンリベンデル
靴／マーク ジェイコブス

カラーコードがあるとき

カラーコードのあるパーティにはデイリーユースできるパンツで取り入れて

カラーコードのあるパーティなら、パンツであればいつものカジュアルコーディネートにも合わせられるので挑戦しやすいです。

トップス／マルニ
パンツ／ ZARA
バッグ／ H&M
靴／ドルチェ&ガッバーナ

パーソナルスタイリング　お客様実例

dim impression

Case 1

ニュアンス色をおしゃれに着こなしたい

Nさん
30代　企画営業

お悩み
「こなれカジュアルが大好きで、気づけばベージュやグレーなどのあいまいなニュアンスカラーの服ばかり買ってしまいます。なんだかぼんやりした印象になるので、もっとおしゃれに着こなせるようになりたいです」

引き締め効果と抜け感を重視したアイテムを買い足して

ぼんやり顔色も沈みがちなNさんのワードローブ。引き締め効果のあるボーダーや抜け感を加えてくれる白アイテムをプラスすることでこなれ度アップ。

Advice

Point 1　ボーダートップスでアクセントをつくりましょう

ぼんやりしたニュアンスカラーの服をピリッと引き締めてくれるボーダーニットをプラスすると、印象が変わるはずです。

Point 2　ホワイトアイテムを投入し抜け感を加えて

グレーやベージュばかりだと、顔色が沈んで見えます。白のアイテムを差して、抜け感を加えることも大切なポイント。

Point 3　シャツをレイヤードしてコーディネートに奥行きを

あいまい色のニットは一枚で着るよりもシャツを重ねて衿をのぞかせたほうが顔色が明るく見えます。こなれ度もアップ。

＼買い足したのはこの5アイテム！／

アクセントになるボーダーニット（BEAUTY&YOUTH）、ダンガリーシャツ（ユニクロ）、バイカラーバッグ（BEAUTY&YOUTH）を買い足します。あとはホワイトデニム（ユニクロ）や白シャツ（ラルフローレン）で抜けをつくれば、ニュアンスカラーの服が生きてすてきな着こなしが完成します。

＼買い足しアイテムをプラスして理想のスタイルにチェンジ！／

ダンガリーシャツを挟むだけでこなれ度アップ

いつものスタイルにダンガリーシャツをインし、オフ白のパンツを真っ白に変えるだけでおしゃれさが格段にアップします。

ニュアンスカラーのグラデにボーダーをきかせて

パンツ、バッグ、パンプスをニュアンスカラーのグラデーションにしたぶん、トップスにボーダーを取り入れて引き締めて。

シャツで白の面積を増やせば一気に垢抜けた雰囲気

グレーニット×カーキパンツは、白シャツをメインにするだけで一気に垢抜けたコーディネートに生まれ変わります。

Chapter 3

おしゃれな人はちょっとしたバランスにこだわっています！

細かいあしらいがおしゃれの大きな差

「雑誌と同じ服を買ったのにおしゃれにならない……」という経験をされたことはないでしょうか。服はただ着ておしまいではなく、料理でいうパセリや調味料と同じで、最後の仕上げでおしゃれに差が生まれるのだと思います。小さいことだけれど、ボタンの開け方、裾のまくり具合まで気を配る。そんな小さなポイントが大きな違いになるのです。例えば、なんでもない白Tシャツ。シンプルすぎてごまかしがきかないからこそ、自分の体にきちんと合った衿ぐりなのか、着丈や肩のラインは大丈夫か……そんな細かい部分にまでこだわることが大事です。そして、自分にベストなものに出会うためには必ず2～3点は試着して比べましょう。自分の得意不得意

The Way to Your Best Balance

A fashionable person is particular about a few points.
One will copy that, and find a balance
of the fashion which looks nicest!

を鏡を通して客観的に把握しておくこと。これが、自分のベストバランスを見つけるのに一番大切な勉強法だと思います。ユニクロやＺＡＲＡなどは、シンプルでベーシックなアイテムがたくさんそろっているので、ゆっくり試着して比べやすいです。もうひとつは、〝着たいアイテム〟を自分のテイストに寄せることです。カジュアルに着こなしたいのか、きれいめに着こなしたいのか。自分が目指すテイストをはっきりさせることで、着たいアイテムが生きてきます。あとは、靴も印象を変える大事な役割を担ってくれます。テイストによって使い分けて、ちょっとしたバランスを大切にしましょう。最後は美しい髪や肌、立ち居振る舞い。服や小物だけではなく、それを身に纏う自分自身にも年相応にきちんと気を配りたいものです。

Balance Rule NO 01

“着たいアイテム”を自分が目指すテイストに寄せる！

「こんな格好をしてみたいけど、自分のテイストには合わない」と諦めたことはありませんか？　実はアイテムの選び方を自分が目指すテイストに寄せるだけで、どんなスタイルも無理なく取り入れることが可能なんです。

例えばこんなスタイルをしたいなら

❶

デニムシャツ

×

ホワイトパンツ

Taste 1

カジュアル

アイテムの選び方

ウォッシュのかかった色落ち感のあるものを選ぶとカジュアルなイメージに。羽織るとさらにラフさがアップ。

一番カジュアル度が高いのがボーイフレンドデニム。裾をくしゅくしゅっとルーズに折り返して。

ダンガリーシャツとホワイトパンツのアイテム選びはもちろん、コンバースやL.L.Beanのトートを合わせてカジュアル度を上げて。

ダンガリーシャツ／H&M　白デニム／Lee
タンクトップ／ユニクロ　バッグ／L.L.Bean
靴／コンバース　ストール／ZARA
サングラス／ヴィクター&ロルフ
ネックレス／チャン ルー

Taste 2

きれいめカジュアル

色落ちしていないインディゴカラーなら、きれいすぎず、カジュアルすぎないバランスで着られます。

スキニーなら、デニム素材でもカジュアルになりすぎずすっきりした印象になります。

インディゴのダンガリーとスキニーデニムを黒で合わせた小物でひきしめて。最後に太めのバングルを加えてさらにバランスよく。

ダンガリーシャツ／ZARA　白デニム／ZARA
バッグ／ヘンリベンデル　靴／リュドラポンプ
ブレスレット／コフィー

Taste 3

きれいめ

ダンガリーシャツは色落ち感とダメージがなく、デニム地が薄めのものを選ぶとカジュアルな印象が抑えられます。

コットン素材のセンタープレスパンツをチョイス。同じ白でも素材の違いできれいな印象に。

カジュアルスタイルの定番、デニムシャツ×白パンツも、素材の選び方と合わせる小物できれいめにスタイリングすることができます。

デニムシャツ／ユニクロ　白パンツ／ユニクロ
バッグ／ティラマーチ　靴／ダイアナ
ストール／ZARA　ネックレス／JUICY ROCK

Taste
1

カジュアル

アイテムの選び方

カジュアルに着こなしたいときは、ロゴTが今っぽいはず。文字が目立ちすぎないものを選ぶと、年相応にまとまります。

タイトスカートはカジュアル度マックスのスエット素材をチョイス。同色系でトーンをそろえて落ち着いた印象はキープ。

ロゴT×スエットタイトスカートの王道な組合せ。同色系ですっきりまとめると、カジュアルでも子どもっぽくなる心配はありません。

Tシャツ／GU　スカート／ViS
シャツ／H&M　バッグ／ZARA
靴／FOREVER21　ハット／AURA
サングラス／ヴィクター&ロルフ

例えばこんな
スタイルをしたいなら
❷

Tシャツ
×

タイトスカート

Taste
2

きれいめカジュアル

カジュアルな印象のボーダーTも、細めピッチのボーダーとフレンチスリーブがほどよくきれいめに仕上げてくれます。

人気のハイウエストタイトスカートも、デニム素材ならコンサバすぎず今っぽいラフ感のあるコーディネートが完成。

Tシャツもタイトスカートも、シルエットできれいめのものを選ぶ代わりに素材をカジュアルにすると今っぽいバランスがつくれます。

Tシャツ／ZARA　スカート／ZARA
バッグ／チャールズ&キース
靴／レーヴ ダン ジュール
ストール／無印良品　ネックレス／雑貨店で購入

Taste
3

きれいめ

深く衿ぐりの開いた女性らしいTシャツ。ブラックカラーも大人な印象です。

タイトスカートはブラックがきれいめスタイルにはちょうどいいバランス。タイトすぎないほうが今っぽくてオススメ。

ブラックTシャツ×ブラックタイトスカートなら、大人な雰囲気に仕上がります。白タンクを挟むことで、抜け感をつくるのがコツ。

Tシャツ／セオリー　スカート／DES PRÉS
タンクトップ／Gap　バッグ／ジャンニ キアリーニ
靴／マーク ジェイコブス
ブレスレット／JUICY ROCK
サングラス／ヴィクター&ロルフ

Balance Rule NO.02

ちょっとしたことで印象は大きく変わる!

“すてき”をつくる6つの着こなしルール

Point!!
時間がたつとどうしても
ずりおちてくるので
気付くたびにまくり上げる!

1

袖は必ずまくる!

例えばシャツ。袖はくしゅくしゅっとまくることが鉄則です。手首の華奢な部分や手もとのアクセサリーをのぞかせることでおしゃれが格上げされます。

2

デニムは細めに ロールアップして 足首見せ

デニムは細めに2折り〜3折りくらいすると、足首がちょうどいいバランスで見えて抜け感が生まれます。脚が細く長く、スタイルアップして見える秘密。

Point!!
折る幅は、細目に
足首が見えるくらいの
バランスがちょうどいい

Point!!
後ろを立て、
衿の先を寝かせます

3

シャツの衿は きちんと立てる

シャツの衿は後ろをしっかり立てましょう。シャツは何も手を加えず着るとまじめすぎる印象になるので、袖まくりと衿立てを必ずセット化して、おしゃれに着こなしましょう。

何気ないようでいて、ちょっとした着こなしのあしらいが全体のコーディネートの印象を大きく左右するのだと思います。“すてき”をつくる６つの着こなしルールをご紹介します。

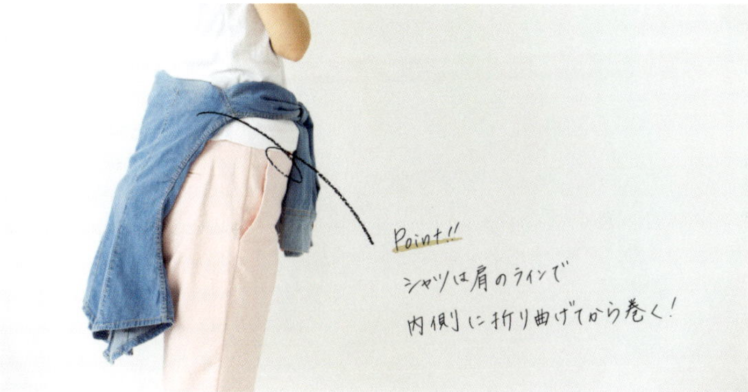

4

シャツの腰巻きは中に折り曲げてすっきりと

シャツを腰巻きするときはそのまま巻くのではなく、シャツを肩のラインで内側に折り曲げてから腰巻きすることで、後ろ姿ももたつかずにすっきりと着こなすことができます。

5

肩がけはニットでもカットソーでも可能

肩がけするときは、ニットはもちろんカットソーでもOKです。首の部分を少し折り曲げてから巻くとバランスがいいはず。ネックラインの下で結ぶのが素敵。

Point!!
カットソーは肩掛けNG……
ではありません!

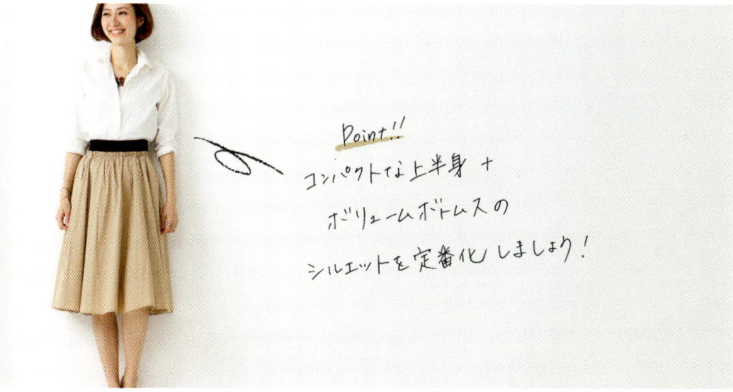

6

トップスはインしてコンパクトに

ふんわりスカートなどボリュームのあるボトムスを着るときには、トップスはインしておくことが重要です。コンパクトにまとまってスタイルアップが実現。

Balance Rule NO 03

靴でベーシックな服に表情をつける

―いかにラクしてきれいに見せるか？ がマイテーマ―

靴選びのポイントは、“いかにラクしてきれいに見せるか”がテーマです。自分の足に合っているもの、履いていてラクなものが基本。なじませカラーやベーシックカラーが使いやすくて便利です。テイスト別にいくつかそろえて、コーディネートにおしゃれ感を加えましょう。

フラットシューズ

ベーシックなブラック、ベージュをメインに、シルバーのフラットシューズも意外と着回しがきいて重宝している靴の一足です。

左から
レーヴ ダン ジュール
ファビオ ルスコーニ
フェラガモ

マニッシュシューズ

甲が薄い人は、レースアップリボンでしっかりホールドされるのでオススメのデザインです。ブラック、ベージュなど基本色はマスト。

左から
ファビオ ルスコーニ
ペリーコ

スニーカー

スリッポンからニューバランスのようなハイテクまでそろえておくと便利です。まずはホワイトカラーのものが取り入れやすいと思います。

左から
FOREVER21
コンバース
ニューバランス

パンプス

定番のパンプスは高すぎない6cmくらいのヒールで、歩きやすいことが重要。ベージュ系かブラックで、異素材でそろえて。

上から
リュドラポンプ　セベージュ　ペリーコ
ファビオ ルスコーニ　ダイアナ　マーク ジェイコブス

サンダル

ウェッジソール、フラット、太ヒール、コルクなど歩きやすくて軽いサンダルを集めています。カジュアルにも合うし、素肌にもなじむから夏に大活躍します。

上から
ファビオ ルスコーニ
JIMMY CHOO
チャールズ&キース
ティラマーチ

ブーツ

冬場の必需品、ブーツはヒールが低めのロングとショート両方をそろえます。季節によって使い分けて。ブラック系とブラウン系の2種類あると便利です。

上から
クロエ　サルトル　UGG　ZARA　KIWI

Summer 夏の靴の履きこなし

すっきり涼しげに履けるフラットサンダルやウェッジサンダル、ヌーディカラーのバレエシューズ、白いコンバースなどが活躍します。素肌にもなじむから脚がきれいに見えます。

短めソックス×スニーカー

季節を問わず活躍する白のローカットコンバース。夏は、靴からちらっとのぞくくらいの短めソックスを履いています。

スカート×白サンダル

スカート×白サンダルは夏の定番。ヒールがなくても、ホワイトならすっきり大人っぽくきれいめに着こなせるところが気に入っています。

デニム×ウェッジソール

ウェッジサンダルは、ヒールが高くても疲れないので夏必須アイテム。カジュアルなデニムと好相性。

デニム×フラットシューズ

もうひとつデニムと合わせることが多いのは、ヌーディなフラット。素足になじんで美脚効果満点です。

ベージュスカート×ベージュサンダル

ベージュのスカートには、夏は同系色のベージュサンダルを合わせることで素肌となじませるのがオススメです。すっきりと脚長効果を得られます。

Spring

春の靴の履きこなし

まだ寒さの残る初春の頃には、素足のように見えるヌーディカラーのパンストを履くのが私の定番。あとはホワイトパンツにヌーディカラーパンプスを合わせて爽やかに美脚を狙います。

素肌感ストッキング ×フラットシューズ

まったくパンストを穿いているように見えないLANVIN COLLECTIONのヌーディパンストは春に大活躍します。

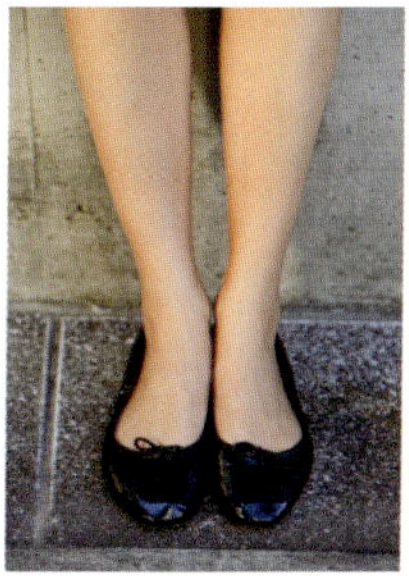

白パンツ ×ヌーディカラーパンプス

春らしい白パンツ×ヌーディカラーパンプスもよく組合せます。きれい色トップスに映えるコーディネートがつくれます。

Autumn

秋の靴の履きこなし

だんだん気温が下がってくる秋のシーズンは、ダークカラーの靴や足首をカバーして温かく見せるコーディネートをすることが多いです。重たい印象にならないように注意しています。

くるぶし丈パンツ ×ダークカラーパンプス

くるぶし丈パンツには、ダークカラーのパンプスで秋らしい重厚感を加えます。その代わり、素足にして抜けをつくります。

つなぎ色ソックス ×マニッシュシューズ

肌寒くなってきたら、「靴下屋」で靴の色になじむ同系色のソックスを探して投入します。リブ編みものがおしゃれ。

デニム×明るい色のショートブーツ

ベージュ系の明るい色合いのショートブーツなら、デニムをかぶせても重たい印象にならずに足首を隠せます。

Winter

冬の靴の履きこなし

タイツやブーツなど、足元のおしゃれの幅が増える冬の季節は色々な組合せを楽しめます。靴とタイツを同系色でつなげたり、ホワイトパンツできれいめにインしたり……ちょっとしたコツでこなれ感が増量するはずです。

黒タイツ×黒ショートブーツ

最近特に人気の高いショートブーツ。まずは黒を選んで、黒タイツとつなげるのが簡単！　美脚効果満点です。タイツの厚さは秋は60、真冬は80デニールにして季節に合わせて。

茶色タイツ×茶色ロングブーツ

ブラウン系のブーツにスカートを合わせたときに困るのがタイツの色。同色系のブラウンを選ぶことが失敗を防ぐコツ。ブーツに合う茶色のタイツは無印良品で発見したものです。

ホワイトデニム×茶色ロングブーツ

パンツをブラウンブーツにインするときは、ホワイトパンツですっきり大人っぽくまとめると脚がきれいに見えるはずです。

ホワイトデニム×UGG

真冬の救世主、UGG。かなりカジュアルなデザインだから、ブルーデニムにインするよりもホワイトパンツと合わせたい。

グレーのタイツ
×グレーのマニッシュシューズ

マニッシュシューズの色を一色拾ってグレータイツを穿いてなじませると、靴とタイツが分断されずに脚長に見せられます。

黒タイツ×黒パンプス

定番中の定番、黒パンプス×黒タイツも冬には欠かせない組合せ。タイツは80デニールくらいの厚めが可愛いと思います。タイツは「靴下屋」の公式オンラインストア「Tabio」で買うことが多いです。

チャコールグレーのタイツ
×ベージュのスウェードパンプス

冬に薄い色のパンプスを履くなら、チャコールグレーのタイツを合わせるのがオススメ。黒ほどコントラストがつき過ぎず、色がなじんでおしゃれな印象に。

Column

一足パンプスを買うなら、
エナメルとスエードのどちらにする?

プレーンなブラックのパンプス、買うならエナメルとスエードのどちらがいいと思いますか？　黒ならどれも同じと思われがちですが、素材が与える印象は予想以上に大きく、ここにこだわることがおしゃれの洗練度を上げてくれます。カジュアルなテイストが多い人の場合はラフな素材のスエード、エレガントなテイストが多い人の場合はきれいめな印象を与えるエナメルを選ばれると良いです。面積は小さくても、服のテイストに寄せることでこなれた印象に見せられるので、迷われたときは参考にしてみてください。

Balance Rule NO 04

“シンプルなのにすてきな人”はどこが違う?

ファッションに長く携わる中で、
おしゃれをつくるのは
服だけではないんだな、
ということをつくづく感じています。
例えばきちんとメークできているか、
髪のツヤ、手元まで
手入れが行き届いているか、
姿勢や立ち居振る舞い……
全体のバランスで仕上がるのです。
家に姿見を置いて、
最後に全身チェックすることが
実はとても大事です！

1. 笑顔がすてき!

“おしゃれ”はすてきな服を着てもまだ未完成！　見ている側もうれしくなるような、明るい笑顔、凛と見える姿勢の良さも“すてきな人”に大切なこと。口角を上げて、笑顔に！　これなら今すぐ始められます！

2. 姿勢がいい!

背筋をピンと伸ばして姿勢をよくするだけで、数センチ背が高く見え、スタイルがよく見えます。私自身、意識していないとついラクな姿勢になりがちなのですが、姿勢が美しい女性はそれだけで美しい人に見えると思うので気づいたら背筋をピンと伸ばすようにしています。

3. 髪に意識が届いている

髪をある程度セットするだけで、
新しい服を何枚買うよりもすてきになる……
ということがよくあります。
私自身ズボラで以前はブラッシングだけでしたが、
あるときコテで軽く内巻きしてみたら驚くほど
髪がまとまり、いつもの格好さえ見違えました。
それからは毎日軽くワンカールしています。
面倒に思うことも、
朝の習慣に組み込んでしまえば続きます。

ある程度の年齢になったら髪の美しさをより意識して

年齢を重ねるとどうしても髪の美しさが感じられにくくなり、放っておくと老けて見えてしまいます。オイルなどで美しくまとまった髪はそれだけで見違えます。NU ソワン オレオ リラックス ¥3000+税／ケラスターゼ

4. 肌にうるおいがある

年齢とともにどうしても気になるくすみ。
このくすみのせいで、黒が似合わなくなるのです。
お金をかけなくても、毎日パックするだけで違います。
若い人は美容に手間を掛けていてもそうでなくても
大きな違いは出ませんが、30代後半になると、
そのとき少しでも手をかけているかどうかが
大きな差を生むことを実感しています。

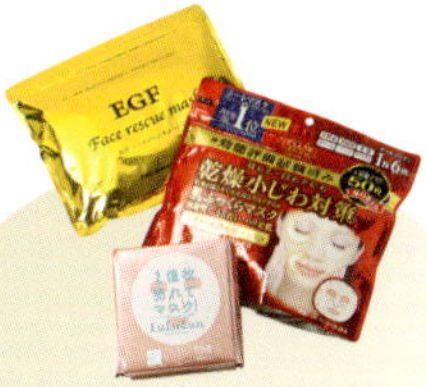

毎日のパックで肌が変わるドラッグストアでお得なものを

ドラッグストアで売っている大容量のお得なパックを毎日使ってみると、乾燥していた肌が常に潤うように。湯船に浸かりながらパックすると長時間できると聞き、時短も兼ねて実践中です。

5. 顔の血色がよく、爪がきれい

シンプルな服ほど、メークやネイルなどの
細かい部分が目立ってしまいます。
華美にする必要はありませんが、
爪をきちんと切っていたり、
チークで血色をよくしたり……
そんな先端のお手入れがすてきな女性を
つくるのだと思います。

パーソナルスタイリング　お客様実例

one
pattern...

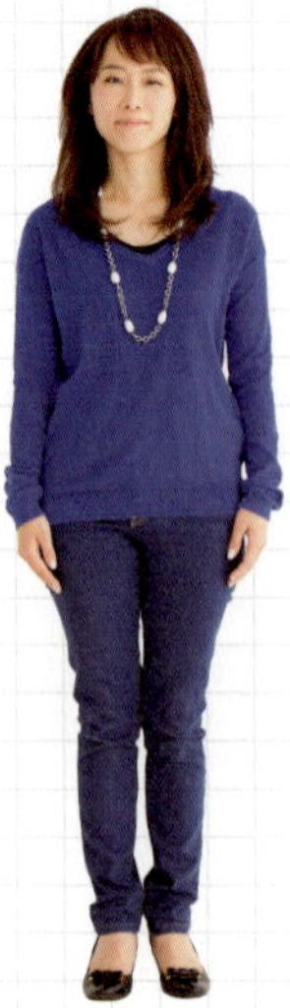

Case
2

華やかに
カジュアルを
取り入れたい

Rさん
30代　主婦

お悩み
「カジュアルが苦手で無難な色ばかり着てしまい、コーディネートがワンパターンになりがちなのが悩み。ピンクが好きなのですが、可愛すぎず大人にも抵抗なく取り入れられたらうれしいです。腰のハリも気になります」

好きで似合う色であるスモーキーピンクを
うまく取り入れて満足度の高い着こなしを

お好きなピンク色の小物を手持ちの服と合わせることが難しかったRさん。ふたつをつなぐアイテムを取り入れて満足度の高いコーディネートに仕上げます。

Advice

Point 1　得意色のスモーキーピンクはボトムスでも取り入れて

Rさんはカラー診断の結果、元々お好きなスモーキーピンクが得意色でした。大きな面積でもボトムスで取り入れれば、甘くなりすぎず、大人にもぴったりです。

Point 2　気になる腰まわりはトレンドトップスでカバー

トレンドのシャツの重ね着ふうニットなら、着丈が長く気になる腰まわりもさりげなくカバーすることができてオススメ。一枚着るだけで華やかさもつくれます。

Point 3　手持ちの服とピンク小物をつなぐのはグレーのアイテム

手持ちの服に濃いブルーや黒などダークカラーが多いので、それらとスモーキーピンクの小物をつないでくれるグレーのアイテムがあれば着こなしが広がります。

＼買い足したのはこの5アイテム！／

買い足したのは、アクセントになるボーダーニット（無印良品）、腰まわりをカバーするシャツつきニット（ロペピクニック）、スモーキーピンクのパンツ（ユニクロ）、コーディネートにさりげなくなじむニュアンスカラーのグレーバッグ（ViS）とショートブーツ（N.NATURAL BEAUTY BASIC）の5点です。これだけで見違えるはず。

＼買い足しアイテムをプラスして理想のスタイルにチェンジ！／

ピンクストールとボーダーニットでカジュアルな華やかさをプラス

ボーダーニットとピンクストールなら、カジュアルに華やかさを加えられます。気負わずに取り入れられるアイテムです。

大人にも取り入れやすいピンクパンツで新鮮な印象

パンツで取り入れると、大人でも可愛すぎず着こなせます。ピンクだけが浮かないように、やわらかい色でコーディネート。

ぴったりスキニーパンツもトレンドニットでスタイルアップ

脚のラインがあらわになるスキニーも、着丈の長いトレンドニットですっきりスタイルアップ。ピンクも小物で差して。

Chapter 4

予算が少なくても、プチプラアイテムをかしこく取り入れて大満足コーデはできる！

プチプラで気軽に試しておしゃれのレッスン

服はお金をかけたり、雑誌に載っているようなハイブランドをそろえたからおしゃれになるわけではないと思います。大事なのは自分に合う形や色かどうか。ライフスタイルに合っているかどうか。憧れのスタイルは憧れブランドでなくても十分つくれます。私の場合は、着てみたいアイテムはまずプチプラで試します。それが好きでよく使うものと認識したら、長く使えるものを探します。これを繰り返してクローゼットに自分の定番をそろえていくと、憧れのスタイルに近づけます。まずはハードルを低くしてH＆MやZARAでトレンドを取り入れたり、等身大の自分や目的に合ったものを探して、理想の着こなしを楽しみましょう。そうすれば失敗も怖くないし、案外

Use Petit Price Items

Even with a small budget,
You can intelligently coordinate
with inexpensive items.

プチプラで納得のいくものが見つかることも多いです。例えば私の場合はパーカ。買おうと決めて憧れブランドで試着したグレーパーカが全然似合わず、ほかのお店を見て回ったところ、無印良品で見つけたアイボリーのパーカが自分にはしっくりきました。ブランドに捉われず、手の届く範囲でもう一歩踏み込んで探してみることが大切なんだと改めて学んだ経験でした。また以前ママになられたあるお客様が、予算内では好きな服が買えないからと、一切服を買わなくなられていたのですが、予算に合わせてユニクロなどでお客様が着てみたかった白パンツなどをそろえたところ、「大満足できました」とのご感想をいただけたことがあります。今はプチプラのブランドも本当に優秀。ライフスタイルに合わせてかしこく取り入れていきましょう。

新しい挑戦はプチプラで

ファッションで新しい挑戦をするのは勇気がいるもの。せめてプライスはハードルを下げて、
お試し感覚で取り入れてみましょう。ブランドごとに優秀アイテムがあるのでご参考に。

ZARAできれい色ストール

ZARAはストールがオススメです。発色がいいものやトレンドの柄など種類豊富にそろっているので一度にたくさんチェックできます。

ユニクロで白パンツ

白パンツはすぐ汚れるので「消耗品」と考えると循環させやすいです。どこでも気軽に買えるユニクロなら挑戦しやすいし、素材違い、型違いがそろっていて合うものを選べます。

ZARAで挑戦カラーの靴

フラットシューズでも色々なカラーがそろうZARA。¥4000以下で買えるものも多いので、ワンシーズン楽しみたいトレンドカラーを取り入れるのにはオススメです。

駅ビルの
アクセサリーショップで
コットンパールネックレス

軽くて何かと使いやすいコットンパールネックレス。駅ビルのアクセサリーショップで安く買えるものでも十分可愛いので、ひとつは持っておきたいもの。90cmくらいのみぞおちの長さを選ぶのがポイントです。

H&Mとチャールズ＆キースで
挑戦カラーのバッグ

数千円で買えて、気軽に試せるアクセントカラーのバッグを探すのにオススメなのが、バリエ豊富なH&Mと、つくりがしっかりしていて価格以上に見えるアイテムがそろっているチャールズ＆キースの2ブランド。

H&Mでビジューネックレス

インパクトのあるゴールドアクセをプチプラで買うときに気をつけたいのが、ピカピカではなくマットな質感のものを選ぶことです。

トレンド感はベーシックアイテム
＋
プチプラのトレンドアイテムでつくる！

Trend item 3

スエットスカート

同じ"ラクちん"を選ぶならデニムでなくスエットを選ぶだけでトレンド感が倍増。こなれカジュアルが完成。

Trend item 2

ロゴTシャツ

いつもの無地TをロゴTに差し替えるだけで今っぽい雰囲気。文字が白などのさりげないデザインを選んで。

Trend item 1

カモフラージュ柄

柄ものは、ボトムスだったら顔まわりの印象を変えずに着こなせるのでストールより取り入れやすいはず。

全身がトレンドアイテムに包まれているよりも、いつものシンプル
コーディネートにプラスワンするくらいがちょうどいいバランスで
始めやすいはず。プチプラのトレンドアイテムでさっそく取り入れてみましょう。

Trend item 6

ニットキャップ

シンプルになりがちなカジュアルコーディネートには、ニットキャップをプラスしてみて。こなれ度がアップ。

Trend item 5

スリッポン

今までならヒールを合わせていたようなスタイリングにスリッポンを投入して、トレンドの着こなしを実践。

Trend item 4

ミモレ丈スカート

ひざ丈のフレアスカートを少し長めのミモレ丈にチェンジすると、イメージが一新します。スカートを主役に。

Petit Price Directory

ハヤシ的プチプラ名品ベスト7

無印良品　オーガニックコットン太番手パネルボーダー長袖Tシャツ　各¥2980

名品①

無印良品のボーダーカットソー

無印良品のボーダーカットソーは、顔まわりにボーダーがあしらわれていないデザインでちょうどいいピッチが、カジュアルになりすぎず、初心者の人やボーダーが苦手な人にも取り入れやすいと思います。私自身は最初にアイボリーベースのネイビーボーダーを愛用したので、その後反転のネイビーベースに白ボーダーを購入しました。厚手の生地感で冬でも着られるので、とても重宝しています。一番使用頻度の高いアイボリーも、真っ白ではないところが肌なじみよく合わせやすいのだと思います。そして胸元が無地だから、アクセサリーも映えてきれいめに着こなせます。価格以上に見えて、絶妙なさじ加減が素晴らしい名品です。

こんなふうに
着こなせます！

スカートと合わせて ほどよく上品に

カットソーだからインできて、スカートとも相性よく合わせられます。胸元が無地だから、ボーダーとケンカせずパールが映えます。

スカート／ZARA
バッグ／ティラマーチ
靴／リュドラポンプ
ネックレス／アネモネ
ブレスレット／雑貨店にて購入

カジュアルスタイルに ボーダーカットソーで

ダウンベストと合わせて、秋の装いにもぴったりなボーダー。×スニーカーのカジュアルスタイルも、ボーダーのおかげで華やぎます。

ベスト／ユニクロ
パンツ／Gap
バッグ／L.L.Bean
靴／コンバース
ストール／FOREVER21

Gap クロップドパンツ　水色、ピンク（私物）

名品②
Gapのカラーパンツ

カラーパンツといえば、Gapを思い浮かべる方も多いのではないでしょうか。色鉛筆のように毎年豊富にトレンドカラーがそろっているので、必ずチェックしています。その年のトレンドカラーパンツを買いやすいお店としていきついたのがGapでした。サイズもたくさんあるので、実際にお客様に勧めることも多いです。カラーパンツ初心者の方には、ブルーのチノパンツとピンクのセンタープレスパンツを一本めとしてオススメしています。ブルーのチノパンツは洗いざらしでノーアイロンで穿けるので、カジュアル派に最適です。ピンクのセンタープレスパンツはほどよくきれいめに穿けるので、コンサバ派の一本めに向いていてオススメです。

こんなふうに
着こなせます！

大人にも取り入れやすい
テーパードライン

顔まわりにもってくると甘すぎるピンク。クールな印象のテーパードラインで投入すればベーシック服のアクセントにベストです。

パーカ／無印良品
ニット／ H&M
バッグ／フランスで購入したもの
靴／コンバース
ネックレス／ガリャルダガランテ
ブレスレット／ JUICY ROCK

デニムよりも
涼しげに着こなせる

暑い夏にはデニムの代用品としてブルーのチノパンツを取り入れるのがオススメ。涼やかさが増して、清潔感たっぷりに着こなせます。

トップス／スタニングルアー
バッグ／ Gap
靴／チャールズ&キース
ネックレス／ワ・ランス

ZARA 大判ストール　カーキ、ベージュ、ターコイズブルー　各¥3000くらい（私物）

名品③ ZARAの大判ストール

きれい色もくすみカラーも、本当に色々なカラーがそろうＺＡＲＡのストールは、買うときに比べやすくてオススメです。発色がよく値段以上に見せられるし、大判で立体感がつくりやすいから出番が多くなります。私自身、毎シーズン必ずチェックしては、少しずつ集めて今では8枚くらい持っています。カラーストールだけでなくトレンド色の強いプリントストールもたくさんの種類がそろっています。鮮やかなカラーストールは夏のコーディネートのアクセントに、くすんだニュアンスカラーは秋のコーディネートの引き締め役に。季節に合わせてさまざまな雰囲気で着こなせる名脇役として、ずっと愛用していきたい逸品です。

こんなふうに
着こなせます！

夏らしいインパクトを添えてくれる

パキッとした鮮やかなターコイズブルーは、さらっと巻くだけで夏らしさをつくれます。クーラー対策や日よけにもなるので欠かせません。

トップス／ H&M
スカート／ウィム ガゼット
バッグ／ファティマ モロッコ
靴／チャールズ&キース

秋色小物で季節を先取りして

秋のはじめには、ニュアンスカラーの小物を使ってコーディネートすることが多いです。それだけで季節感が加わりおしゃれ度アップ。

ジャケット／ドゥーズィエム クラス
Tシャツ／バンヤードストーム
パンツ／ Gap
バッグ／ノーブランド
靴／リュドラポンプ

無印良品　大判モダールシルクストール　130×180cm¥2980

名品④
無印良品のストール

ストールというと色ものを使いがちですが、モノトーンやベージュのグラデーションコーディネートなど上品なスタイリングによく似合うのが白のストール。肌触りがよく、ふんわりと品のあるボリュームに仕上がる無印良品のモダールシルクストールは、プチプラアイテムの中でも優秀な一品です。やわらかいオフホワイトも、コーディネートしやすく魅力的。コンパクトに小さくまとめられるから、帰省のときに持って行くのにも向いています。春夏用のストールとして、ぜひオススメしたい一枚です。

ユニクロ　Vネックセーター（私物）

名品⑤
ユニクロの薄手ニット

値段以上に縫製や質感が良く、形崩れしにくいユニクロの薄手ニット。手に取りやすい価格は、主婦にとって強い味方です。薄手だからコンパクトなジャケットなどにもインしやすいし、もちろんシャツをインしてレイヤードすることもできる……そんな着回し力の高さがうれしい一枚です。グレー、ブラック、オフホワイトなど、ベーシックカラーのシンプルなVネックやクルーネックのニットが必要なときにはここに行けば必ず優秀なアイテムが見つかるという心強さがありがたい。

無印良品　オーガニックコットン裏毛パーカー¥3980

名品⑥

無印良品のパーカ

春にはアウターのように着られて、秋にはライダースジャケットやダウンベストにももたつかずにレイヤードできる、ほどよい地厚の生地感。この絶妙なデザイン性が、なんとも使い勝手のいい無印良品のパーカ。両ジップだから、ジップの開け具合によって着こなしの幅もグンと広がります。グレーよりもきれいめに着られるオフホワイトが購入できるというのもうれしいポイントです。白は汚れやすい消耗品カラーだから、買い換えやすいプライスとブランドであることはとても重要な要素です。

ユニクロ　タックアンクルチノパンツ　ベージュ（私物）

名品⑦

ユニクロのアンクルパンツ

驚くほどラクちんな着心地なのに、シルエットがきれいで脚がすっきり細く見えるパンツ。生地感がしっかりしていて、脚のラインを拾わないことが理由のひとつ。腰のハリが気になる人にも向いていると思います。お手ごろなプライスでこのクオリティは、なかなか見つからないはず。穿き心地はカジュアルだけど、見た目はきれいめ。そのバランスが絶妙です。シャツと合わせてオフィス仕様にも着られるし、Tシャツ×スニーカーでカジュアルダウンもできる秀逸な一本です。ネイビーもオススメ。

時短でかしこく買い物するための6カ条

買い物を上達させるには意識して
行動することが大切。誰でも実践できる
6つのポイントを伝授します。

Point 1

クローゼットに足りないアイテムを考える

まずクローゼットの中をチェック。毎朝服を選ぶときに「これがあればいいのに」と思ったことが何度もあるような、不足アイテムを見つけます。アイテム別、さらにその中でカラー別に並べておくと「ある、ない」を発見しやすいです。

Point 2

なんでもないベーシックな服、持っていますか？

買い足すアイテムをリストアップするときに見落としがちなのが、なんでもないシンプルなニットやTシャツ、タンクトップ。いつか買おうと思って忘れているような脇役アイテムこそ実は必須アイテムです。忘れずにリストアップを。

Point 3

携帯に買い物リストを書き出す

足りていないアイテムを携帯にメモ。さらにその中で優先順位をつけます。これが衝動買いを防ぐコツ。携帯に控えておけば、外出先で空き時間ができたときにメモを見て買うべきものを探せます。

Point 4 事前に ネットをチェック！

特にプチプラブランドは店舗が広く、商品量が多い中から探すのに時間がかかる！　先にブランドのホームページで今売っている商品をチェックします。お目当ての商品があれば、お店ではそこをめがけてお買い物に行きます！

Point 5 欲しいアイテムに合わせたい服を着て買い物に行く

例えばスエットスカートに合わせるトップスが欲しいなら、そのスカートを着て買い物に出かけましょう。試着して完成形を確認できると、家で実際に合わせてみたら想像と違った、という失敗を防げます。

Point 6 微差の3枚を持って試着室へ

試着するときは、色々なアイテムを持ち込むよりも、ひとつのアイテムで微差のものを3枚試着するようにしましょう。1枚だとそれが似合っているかどうかわからないけど、3枚あれば色や形を比べられ、店員さんも本当に似合うものを教えてくれるはず。

Chapter 5

子どもと一緒におしゃれを楽しみたいから

今のあなたに本当に必要な服はどんな服？

ママというのはTシャツ×デニム×スニーカーのような、汚れてもいい服を着るべきで、おしゃれはできない……と思われている方が多いようです。私自身も以前はそうでした。だけど、「子どもがいるから、今は割り切って我慢すべき？」というお客様の問いには「いいえ!!」とはっきり答えます。大変で忙しい時期だからこそ、自分を大切にしてほしいのです。洋服を〝好き〟という気持ちで取り入れ、自分らしさがあることで、忙しい毎日、ママの生活を楽しみながら過ごせます。そうすることで、周りの人たちにも優しくできる心の余裕が生まれます。我慢して浮かない顔でいるより、好きなお洋服を着てご機嫌でにこにこしてくれたら、お子さんもうれしいはず。お子

Enjoy with Your Kids!

Mother should not be fashionable,
It is a mistake. Enjoy the fashion with your kids!
It will lead to the happiness of your family.

さんはママの笑顔が大好きなのです。今の自分に似合う服、輝かせてくれる服だけが収められたクローゼットをつくれば、「これでいいのかな……」というモヤモヤを抱えながら服を選ぶこともなく、「よし、今日もこのスタイルでいい一日を過ごすぞ！」と、それまでより自信を持って日々を過ごせるはずです。女性は、主婦、ママ、仕事などさまざまな顔を持っているし、それぞれのＴＰＯに合わせなければいけません。だからこそ、今の自分が１２０％頑張れるためのクローゼットが必要なのです。たかが服、されど服。毎日着るものだからこそ、なんでもない毎日の着こなしを〝もっと好き！〟にすること。この積み重ねが、毎日の〝楽しい〟を生み出してくれると信じています。それが、家族の幸せにもつながるのだと思います。

ママだからこそ、おしゃれしていいんです！

「誰かを幸せにしたいと思うなら、まずは自分のコップを満たしましょう。
そこから水が溢れて、初めて誰かに分けてあげられる」
「自分の機嫌は自分でとりましょう」
先輩オーガナイザーの講座で
こんな考え方を耳にしたとき、最初は驚きました。

主婦は、母は、家族や子どもを最優先に考えて
自分のことはその次だと思っていたからです。
それで無理を重ねてストレスが溜まって、家族にも優しくできない自分を
責めてまたイライラして……

「主婦なんだから無理」「母なんだから無理」と、それを理由にして
好きなことをすぐに諦めていました。その諦めや我慢が積み重なって、
「私はあなたたちのために我慢したり尽くしているんだからね！」
といった恩着せがましいママになってしまっていたのです。
今思い出しても辛い気持ちです。

そんな私には「自分の機嫌は自分でとる」という言葉はショックでした。
でも、その後少しでも変わっていこうと、
その言葉を信じてみることにしたのです。
実際にやってみると、それは意外に難しいことでした。

「主婦なのにワガママじゃない？」「ママなのにいいの？」と、自分の中で葛藤がありました。
最大の難関は自分の中の固定観念でした。〝べき〟にとらわれるのではなく、
自分のため、家族のためにも〝理想の自分〟になる努力をしようと決心し、
そして、悩みに悩んで、私自身がそれで救われた
クローゼットオーガナイズの仕事を始めることにしました。
私にとって大きな決断でした。けれど、この道を選んで本当によかったと思っています。
自分を大切にして実際に行動を起こして経験して、「本当にそうなんだな」と実感しました。
人のことを優先するのは、素晴らしいことです。
でも、我慢から浮かない表情をしていたのでは家族も心配なはず。
〝自分のため〟は〝家族のため〟にもつながるのです。
お客様のカウンセリングを進めていくと、20代の頃は洋服が大好きで
自分の好みもはっきりしていたけど、ママになってわからなくなった……
というお話をよく伺います。
もう一度、好きな服を着る楽しさ、ワクワクした気持ちを感じていただきたい。
すぐ洗える服、つけやすいアクセサリーで、ママでも十分おしゃれはできます。
できない……我慢……ではなく、できることをさっそく今日から。
子どもが生まれても、「私」は「私」なのですから。

ママのおしゃれを助けてくれるアイテム選び

“いかにもママ”という服でなくても、素材や形を選べば子育て生活でも
ストレスフリーに過ごせる“私らしい”アイテムはみつかります。
ここではそんなアイテム選びの基準になるポイントをご紹介します。

Mother's useful items!!

01 しゃがんでも背中が見えない長め丈のインナー

立ったり座ったりが多いママ。しゃがんだときに背中が見えないように、シャツやカットソーに普通より丈が長いタンクトップを着ておけば安心です。

左から　ユニクロ、ユニクロ、アメリカンアパレル

02 ウォッシャブルなニット

クリーニングや手洗いなど、手間のかかる服は自然と手が伸びなくなるので、エマールなどで洗濯機で洗えるウォッシャブルニットが便利です。

ZARA

03 合皮でいい！ と割り切る

本革より軽く、キャンバス地よりきれいめ。合皮なら汚れにも強く雨の日でも大丈夫だから、気を遣わずにさまざまなシーンに登場させられます。

PLST

04 ノーアイロンでOKなシャツ

アイロンをかける時間も惜しいから、ノーアイロンで着られるシャツの存在はうれしい。シャツを着るとそれだけでおしゃれな印象になります。

ユニクロ

05 ジャケットはコットン素材など動きやすいものを!

形はきれいめでも、素材をコットンやスエットなど、ママの生活に合うラクちんなものにすると、動きやすくて使い勝手がいいです。

ドゥーズィエム クラス

06 アウターはショート丈が便利

子どもがいるとトレンチを着る機会が激減します。代わりに便利なのがショート丈のアウター。これはナイロンで折りたためるから持ち運びにも便利。

ユニクロ

07 必須! スニーカー

ママに欠かせないスニーカー。今はトレンドアイテムでもあるから、履くだけでおしゃれも叶います。白を選ぶと抜け感が出ておしゃれ度アップ。

コンバース

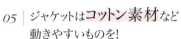

子どもがいても、アクセサリーをあきらめない！

子どもがひっぱると危ないから……つけている暇がないから……と
ママが避けがちなアクセサリー。でもママにもつけられるものという目線で探せば、
意外にたくさん見つかります！ おしゃれを楽しんで自分の気持ちを上げることもママの役割。
アクセサリーはその手助けをしてくれます。

Mother's Accessory!!

“これさえあれば！ の定番アクセサリー”

この4つはつけるだけで
簡単におしゃれに見せてくれる
ママの定番アクセサリー。
ネックレスは軽くて
子どもに当たっても安心な
コットンパールと
普通の服にちょうどいい
華やかさをプラスしてくれる
シルバーのロングネックレス。
ピアスは子どもにひっぱられないよう
コンパクトなものを選ぶのが鉄則。

フープピアス／
JUICY ROCK
コットンパールネックレス／
アネモネ
シルバーネックレス／
雑貨店で購入
コットンパールピアス／
JUICY ROCK

“着けはずしがラクなもの”

1秒でも身支度を短縮したい朝、
留め具のついたブレスレットの
つけはずしは面倒なもの。
ゴム素材で腕にはめるだけの
ものや、腕にはめておいて
後で紐を引っ張るだけで
いいものなら一瞬でつけられて、
ママにも負担がありません。

左から
ゴム素材（ターコイズ）／雑貨店で購入
ゴム素材（ゴールド）／JUICY ROCK
紐状（オレンジ）／ワ・ランス
紐状（ブラウン）／JUICY ROCK
紐状（ダークブラウン）／KBF

“素材がやわらかいもの”

シルクリボンなら、汚れても洗えるし
子どもが傷つく心配もなく
安全に身につけられます。
ネットで安くさまざまな種類の
ものが入手できるので、
手もとのワンポイントに最適。

シルクリボン／
ともに貴和製作所

ママのシーン別

お出かけファッション

ママだからこそ、色々なシチュエーションがあります。TPOに合わせておしゃれを楽しみながらコーディネートできたらすてきです。

☑ 小学校の授業参観へ

授業参観で学校へ行くときは、ネイビーを中心に落ち着いた着こなしを心がけます。靴とバッグはベージュ小物セットできれいめに。

ニット／ZARA
タンクトップ／ユニクロ
パンツ／ZARA
バッグ／ティラマーチ
靴／ダイアナ
ネックレス／中近東で購入したもの
ピアス／JUICY ROCK

☑ 子どもと一緒に公園へ

カジュアルなシチュエーションには、動きやすいデニムが基本。子どもの服と色や素材を一部リンクしたコーデを楽しむのもオススメ。

トップス／ZARA
スカート／FOREVER21
バッグ／Gap
スニーカー／コンバース
サングラス／ヴィクター&ロルフ

子ども服
ワンピース／カーターズ
カーディガン／ユニクロ
靴／ZARA

トップス／ ZARA
タンクトップ／ユニクロ
パンツ／インコテックス
バッグ／ファティマ モロッコ
靴／ファビオ ルスコーニ
ストール／ BEAMS

子ども服
カットソー／フランスで購入したもの
スカート／ユニクロ
バッグ／ミュージアムショップで購入したもの
靴／ ZARA

☑ 子どもと一緒に ママ友宅へお呼ばれ

ラクだけどきれいに見えるデザインの服や靴を選びます。そのぶん子どもには可愛いものを着せてバランスを取ります。

☑ 同僚たちと話題のレストランへ

ママには出番のないヒールは、ひとりのお出かけだからこそ履けるアイテム。黒小物セットでお出かけ仕様に。

トップス／クリストフ ルメール
スカート／ ZARA
バッグ／ボッテガヴェネタ
靴／マーク ジェイコブス
ネックレス／ガリャルダガランテ

家にいる時間が長いママだから……

家の中でも〝好きじゃない服〟は着ない

家にいる時間が長いママだからこそ、自分の好きな服を着て楽しむことを大切にしてほしい！　と常々思っています。

些細なことかもしれませんが、毎日長時間着ているものは、やっぱり自分の気持ちを左右するものだから。

誰にも会わないし……と処分できないでいるTシャツなどを着ていると、なんだかやっぱり「う〜ん」という気分。ほかの人に見られることはなくても、自分が見ているんですよね。

〝好きではないけれどまだ着られる〟という服を着ていると、やっぱりテンションは上がりません。

〝ピンポンと人が来ても、パッと出られる〟くらいの基準で部屋着を選び、ときには自分の気持ちが上がる色だけど外に着ていくのはちょっと……というようなきれいな色を家で楽しく着るのもオススメです。

家でも頑張りたい主婦だから、ママだからこそ、家でも好きな服を着てほしいです。そうすれば、より気分よく頑張れるはずです。

私が愛用しているのはこんなシンプルなルームウェア！

秋冬
Autumn & Winter

すっきりシャープに着こなせるスエットスタイル

H&Mのスエットは、すっきり細身シルエットでパジャマっぽくなりません。オルタナティブのトップスに白いタンクトップを重ねることで、おしゃれ感をアップ。

春夏
Spring & Summer

アクセを足せばワンマイル仕様にアップデート

体を締め付けず涼しく過ごせる、GUのマキシワンピ×H&MのTシャツは春夏の鉄板コーディネート。ターコイズアクセをつければ、ワンマイルウェアにも。

ダウンベスト

家の中で寒いときは、ダウンベストを着ています。袖がないから家事もしやすく便利です。

レッグウォーマー

クーラーが苦手なので、夏にこそ「靴下屋」で購入したシルクのレッグウォーマーを愛用。

Chapter 6

忙しい人のための選びやすいクローゼットづくり

忙しくてもおしゃれできるクローゼット

忙しいからこそ、出しやすく戻しやすい、選びやすいクローゼットであることが大事です。一目瞭然であることが、コーディネートが浮かびやすくなる秘訣です。おしゃれをするには、服があるだけではダメ。おしゃれしやすいクローゼットであること、整っていることが大切です。私の場合は見えていることが重要で、オンシーズンのものはなるべくハンギングしています。ニットもかけて、アイテムごとにまとめます。さらに色分けしておけば、自分の手持ちを把握できて、コーディネートが組み立てやすくなります。〝今の自分を生かしてくれる服だけがあるクローゼットかどうか〟を意識してみてほしいです。例えばOLのとき着ていたスーツなど、今は着ないものが幅をと

Organize Your Closet

Is your closet has been organized?
Busy people know what is necessary to organize the closet.
Organize the closet is the way to be fashionable.

っていませんか？　それを思い出としてとっておきたいなら、使いにくい棚上などに保管します。アルバムと一緒です。今の自分に必要なものだけを出しやすく戻しやすいようにしておきます。忙しくても選びやすいという状況をつくっておかないと、おしゃれをするハードルが高くなってしまいます。整理するときのコツとしては、一度思いきってクローゼットを空にすることからはじめてみてください。ある中から間引いていくのは、意外と難しいんです。そして本当に好きでよく使う服だけをまず戻してみましょう。それを見たとき、きっとワクワクするクローゼットになっているはずです。そこに着ないものを足すのはイヤだなと思うでしょう。そうして、〝忙しくてもおしゃれできるクローゼット〟をつくってみましょう！

クローゼットは自分のライフスタイルをうつす鏡です!

私らしいクローゼットのつくりかた

自分の今のライフスタイルをしっかりサポートしてくれる
ワードローブがあれば、忙しくても迷わずおしゃれができます!

Point 1 クローゼットの中身が今の自分のライフスタイルに合っていますか?

自分のライフスタイルのTPOに合わせて対応できる洋服が準備できていますか? ママの場合ほぼ部屋着で過ごすのに、OL時代の服が多いなどないですか? 今のライフスタイルと服の内容がイコールになっていることが大切です。

例えばフルタイム勤務のママなら……

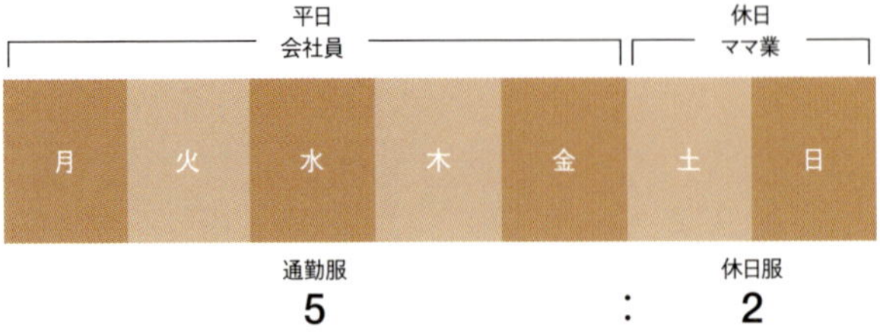

……となっているのがベスト!

例えば週5で働くワーキングマザーの場合、クローゼットの服も5:2の割合で仕事服と休日服となっているとバランスがいいです。

ハヤシのライフスタイルの変化とクローゼットの変化

①アパレル時代

ONもOFFも同じ服。量は多いが、自由に色々着られていた。ついつい買い過ぎてしまい、着られない服もちらほら……。

②子育て期

子育てに入ると、ほぼ一日中部屋着……。持っている服の10%も使えていない状態に。服はあるのに、「今着る服」がないことが大きなストレスに。

③現在

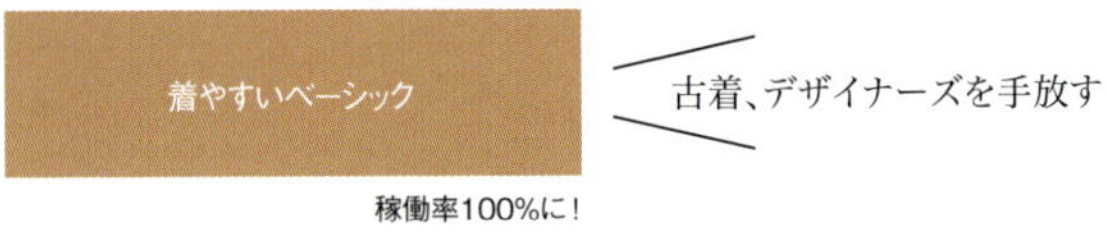

「子育てが大変、片付かない……」という状態だった私がライフオーガナイズに出会い、考え方が変化。今の私に必要なのは「手入れがラク、着やすくシンプルな服!」と決める!

Point 2 クローゼットを見直すとき大事にするポイント

- 今の私の生活に必要か？
- 今の私を輝かせてくれるか？
- なりたいイメージと合っているか？
- 「着たい！」「好き！」と思うかどうか？

Point 3 手持ちの服を見直すスパンは？

- トレンドアイテム……1年
- ベーシックアイテム……3年

ベーシックアイテムは3年で手放すつもりで着ましょう。「10年物」というのは理想ですが、ほとんど存在しません。登場回数が多い服ほどくたびれるのも早いので、定期的に更新することが清潔感を保つポイント。

Point 4 「いらない服」ではなく「好きな服」を選ぶ

クローゼットの中から「手放す服」を見つけるのではなく、服を一度全部外に出してみて、「好きな服」からクローゼットに戻してみましょう。ワクワクする服だけになると、「もう必要ないかも」と不要な服がみえてきます。

Point 5 手放し方も色々あると知っておく

全然着ていないけどまだ着られる洋服や小物を“捨てる”というのは心が痛みますよね。最近では不要になった衣類等を手放す色々な方法がありますので、自分に合った方法で手放し、より今の自分に似合う服を迎える準備をしましょう!

古着deワクチン

不要な洋服やバッグ、靴などを「古着deワクチン」に郵送すると、開発途上国で再利用されて同時に子どもたちにポリオワクチンが届けられるというシステム。

バザーに出す

幼稚園や地域などのバザーで、サイズアウトした洋服や靴などを出品します。自分の住む市区町村の役所のホームページなどにも情報が掲載されていたりします。

“マルイ”の回収

「マルイの下取り」が店舗で開催されるとき、不要な衣類を持って行きます。1点につき1枚の200円割引券がもらえると同時に、メンテナンスされた衣類は東北や開発途上国へ届けられます。

衣類回収

地域にもよりますが、古着などの回収は自治会などで行われています。衣類として再利用されたり、繊維にほぐしてカーペットなどの下地に再利用されたりします。

My Closet

「今の私」にベストな“可動式”クローゼット

我が家の場合、今はひと部屋をクローゼットにしています。
メタルラックならすぐ動かせて今後の生活の変化に対応できるので、今はこれがベスト。

A

一目瞭然であることを第一に考え、最大限ハンギングできるようにしました。左のオフシーズン衣類はカバーをかけてすっきりと。

クローゼットの間取り

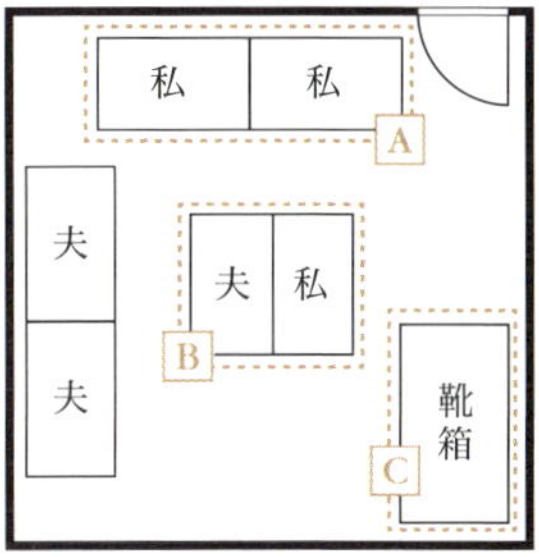

A

①アウターなどオフシーズンのものは通気性のあるカバーをかけて収納。②薄くて滑らないハンガーで統一。③そのまま置くとなだれる小さいバッグはボックスに。④形がそろいにくい帽子も重ねてボックスに収納。⑤オフシーズンのニット類はシンプルな箱にまとめてラック上に。

B

⑥パンツやストール、半袖カットソーなどハンギングしないものは半透明の収納ボックスに種類別にして入れています。⑦パンツは立てて収納し、上から見たときにひと目でわかるようにしています。⑧ストールは丸めてすべて同じボックスに。

C

⑨靴スペースは右の収納棚が私、左の棚が夫というふうに分けています。全身鏡をクローゼットか玄関に置いておくことも大切です。⑩よく履く靴を上部に。オフシーズンのものを下に収納。

うっとりアクセサリー収納のすすめ

アクセサリーも一目瞭然であること。宝の持ちぐされにならないように、
何をつけようかと考えたときパッと目につくことが大切です。
シンプルな透明のアクセサリーボックスは、選びやすいだけでなく内箱を入れて
アレンジできるのも便利。お客様にもよくオススメしている収納法です。

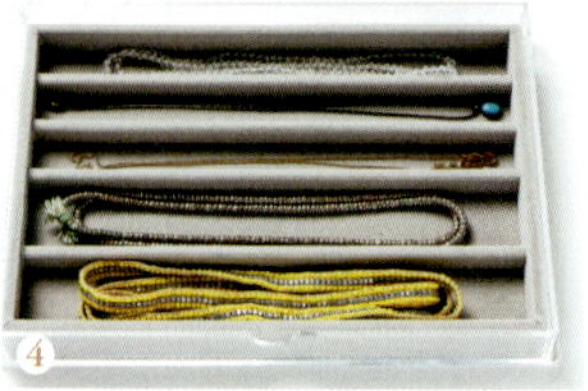

①大ぶりなアクセサリーは仕切りなしでそのまま収納。②ピアスはざっくり種類別に内箱に分けます。③ターコイズなど、同じ素材はまとめて。④ネックレスは横長に仕切られた内箱に入れると、からむ心配がありません。

愛用のクローゼット収納&ケアグッズ

実際に色々試した結果、使いやすくて人にも
オススメしている優秀アイテムをご紹介します。

(Goods_02)

オフシーズンアイテムを収納するカバー

オフシーズンの衣類を収納するカバー。ほこりをよけつつ、空気も入るから安心してしまえます。何が入っているかわかるのも便利。キャンバスクローゼットSS¥2376／収納の巣

(Goods_01)

シンプルな白いボックス

真っ白で直線的なラインなので、見えても気にならないのが高ポイント。オフシーズン衣類の収納用に。ファボーレヌーボボックスLホワイト¥1598（販売店）¥2138（ネット）／JEJ

(Goods_05)

薄くて滑らないハンガー

薄くて滑らないハンガーは、服がかさばらないので便利です。私はネットでセットになったものを購入しました。スリムマジックハンガー5本セットブラック¥648／長塩産業

(Goods_04)

イケアの収納ボックス

軽くてたためるのが最大のポイント。自立しないものを収納するのに最適です。取っ手付きで引き出しやすいのもいい。SKUBB ボックス ホワイト 3ピース¥1499／イケア・ジャパン

(Goods_03)

クローゼットに入れておくサシェ

クローゼットの中も好きな香りになるように、サシェを忍ばせています。色々な種類の香りがあるのも楽しい。グリーンリーフ フレッシュセンツラベンダー¥529（Lサイズ）／パフ

(Goods_06)

ニトリの薄くて滑らないハンガー

お手頃価格なニトリの薄くて滑らないハンガー。オフホワイトは色を主張せず服が見やすいので、お客様によくオススメしています。省スペースハンガー 5本セット¥307／ニトリ

(Goods_08)

エマールのおしゃれ着用洗剤

デイリー使いの手洗い用洗剤としても重宝するエマール。リフレッシュグリーンの香りがよく、リピートしています。エマール リフレッシュグリーンの香り オープン価格／花王

(Goods_07)

二段収納できる吊り下げバー

小スペースでトップス&ボトムスの二段収納が可能な吊り下げバー。クローゼットの収納力が少ない人には特にオススメです。クローゼットブランコW20¥1026／収納の巣

(Goods_09)

THE LAUNDRESSのデリケートウォッシュ

特に大事な服を洗うときは、スペシャル感を味わえて香りもいいザ・ランドレスのデリケートウォッシュを使っています。デリケートウォッシュ 475ml¥3456／ザ・ランドレス ルミネ新宿店

クローゼット収納サービス　お客様実例

〈部屋の間取り図〉

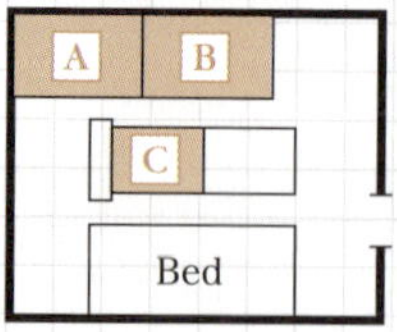

Case 1

カテゴリー別に並べてコーディネートがラクに

Mさん
40代　自営業

お悩み
「洋服は多いのに着こなしがワンパターンになり、自分ではコーディネートが思い浮かばない。バッグや小物を使いこなせない」

BEFORE

A 上段の布団を別の場所へ移動し、季節外衣類をクリアボックスで収納。コーディネートしやすいようにジャケット、シャツというようにカテゴリー順に並べ、ハンガーもそろえて統一感を。

BEFORE

BEFORE

お客様のご感想

「洋服はたくさんあるのに“何か買い足したいな”といつも思っていましたが、小物使いや着回し方を教えていただいたおかげで、買い足さなくても十分コーディネートを楽しめることがわかりました。カテゴリー順に並んでいて、好きなバッグもカバーなしで見やすいため、トータルコーディネートも考えやすく、忙しくてもパッとすてきにあわせられます」

B クリーニング店のビニールは湿気がこもりやすくカビの原因にもなりやすいため外し、通気性の良い不織布カバーをご提案。よく使う薄手アウターは取りやすい下段に。C オフシーズンジャケットとオンシーズンパンツをハンガーをそろえてハンギング。大好きなバッグ類はカバーを外してパンツ下と手前のラックに置いて一望できるように。

Case 2

よく使う服こそ出しやすくしまいやすく！

Nさん
30代　主婦

お悩み
「オンシーズンの服が取り出しにくい奥の場所と、手前のタンスに分散されていてコーディネートしづらく戻すのも億劫……」

〈部屋の間取り図〉

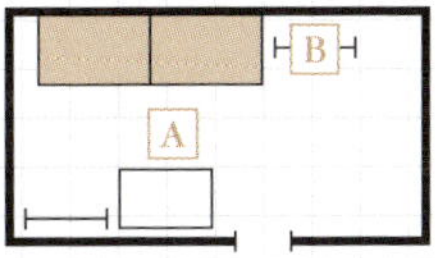

BEFORE

A 使用頻度の低い冠婚葬祭衣類用のタンスと、季節外コート用ラックを部屋の奥に移動。手前のチェストは使い勝手のいい上段にストール、カットソーなど、下段には季節外小物を収納。

BEFORE

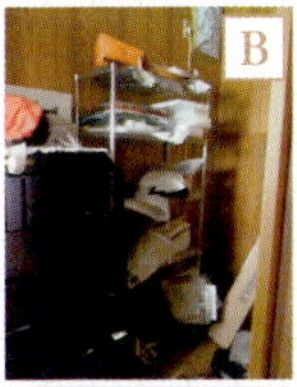

お客様のご感想

「これまでの“ただ支度をするための着替え”が“ちゃんとコーディネートしている”楽しみになり、周りからの評判もよく、してみたかった格好を楽しめていてうれしいです。見渡せるクローゼットは、足りている服、足りていない服を把握しやすく、今後はムダな買い物も減りそうです。自分のスタイルの軸がわかり、迷いなくファッションを楽しめています！」

B ラックにあった洋服に関係ないものは別の場所へ移動し、アクセサリーとバッグ専用スペースに。ハンガーラックを入り口の目の前のチェスト横に配置したことでオンシーズンの服が一カ所にまとまってぐっとコーディネートしやすく！「見えていると選びやすい」というご希望に合わせニットもハンギング、アクセサリーも透明ケースに収納しました。

おわりに

Afterword

この本を手に取っていただき、
お読みいただいて本当にありがとうございました。

おしゃれって特別な日のためには頑張れるけど、
ふつうの日はどうですか？
どうせ家にいるし、どうせスーパーにしか行かないし……
とおざなりにしがちではないでしょうか。

でも主婦、ママの暮らしは「ふつうの日」がほとんど。
ふつうの主婦、ふつうのママだからこそ
大切にすべきはこの「ふつうの日」。

毎朝開けるクローゼットに、今の自分を輝かせてくれる
心強いワードローブが選びやすく収納してあれば、
忙しくても悩まず、〝なりたい私〟になれる。
「何を着ようかな♡」
とワクワクするクローゼットは女性のパワースポット。
そこからいい一日をスタートさせ、

「楽しい！」「幸せ！」を一緒に重ねていきましょう！

最後に、初めての本づくりに戸惑う私といつも親身に
話し合ってくださった編集の杉本さん、ライターの中津さん、
素敵な写真を撮ってくださった福本さんと相沢さん、
関わってくださったスタッフの皆様、
本当にありがとうございました。
尚さんをはじめ「SMART STORAGE！」の皆さんの支えは
本当に心強かったです！
取材協力をしてくださったお客様、
快くご協力くださりありがとうございました。
「家のことは任せてくれていいから、頑張れ！」
と背中を押してくれた主人や、母。
「ママ頑張ってね！」と応援してくれた娘にも感謝。ありがとうね。
皆さんのお力があったからこそ完成した宝物のような本です。

この本を読んでくださった方が、
明日の着こなしを今日よりも「楽しい！」と感じていただける
ことを願っています！
本当にありがとうございました！

林　智子

Shop List

イケア・ジャパン　☎0570-01-3900
花王　☎0120-165-693
ケラスターゼ　☎03-6911-8333
ザ・ランドレス ルミネ新宿店　☎03-6380-1890
JEJ　☎0256-35-7800
収納の巣　☎0120-773-023
長塩産業　☎03-3888-9188
ニトリ　☎0120-014-210
パフ　☎03-3370-5357
無印良品 池袋西武　☎03-3989-1171

※本書に掲載されている情報は2015年3月時点のものです。
商品の価格や仕様などは変更になる場合があります。
※掲載されているアイテムはほとんどが著者の私物です。
現在入手できない場合がございますので問い合わせはご遠慮ください。
※クレジット表記のある商品は税込価格です。

Staff

人物撮影／福本和洋（MAETTICO）
静物撮影／相沢千冬（Q's）
〈P19〉撮影／三好宣弘（RELATION）
デザイン／谷 嘉浩（Store inc.）
編集協力・ライティング／中津悠希
ヘアメイク／山形栄介　河嶋 希　野口由佳（ROI）
校正／玄冬書林
写真提供／AP/アフロ, アフロ
編集／杉本透子　有牛亮祐（ワニブックス）

Special Thanks
取材にご協力いただいたお客様
SMART STORAGE!'s member

「毎日楽しい！」おしゃれをつくる コーディネートLESSON

林 智子　著

2015年3月31日　初版発行
2015年5月10日　2版発行

発行者　横内正昭
編集人　青柳有紀
発行所　株式会社ワニブックス
〒150-8482
東京都渋谷区恵比寿4-4-9　えびす大黒ビル
電話　03-5449-2711(代表)
03-5449-2716(編集部)
ワニブックスHP　http://www.wani.co.jp/
美人開花シリーズHP　http://www.bijin-kaika.com/

印刷所　凸版印刷株式会社
DTP　株式会社オノ・エーワン
製本所　ナショナル製本

定価はカバーに表示してあります。
落丁本・乱丁本は小社管理部宛にお送りください。送料は小社負担にてお取替えいたします。
ただし、古書店等で購入したものに関してはお取替えできません。
本書の一部、または全部を無断で複写・複製・転載・公衆送信することは法律で認められた
範囲を除いて禁じられています。

©Tomoko Hayashi2015
ISBN 978-4-8470-9306-7